Ⓢ新潮新書

村井幸三
MURAI Kozo

お坊さんが困る仏教の話

208

新潮社

はじめに

死んだら次に行く世界はあるのか。

キリスト教やイスラム教はまことに明快です。霊肉二元、人は肉体と霊から成り立っているから、死ねば霊は神が必ず天国（地獄もあります）に引き取って下さる。とくに殉教、つまり神のために死んだ場合は優遇措置がいろいろあるようで、イスラムの自爆テロなどが日常化しているのはそのためもあるでしょう。

仏教はそうではありません。

現代の日本仏教は「霊はある」という立場をとっていますが、仏教を始められた教祖のお釈迦さまは、本編で詳しく触れますが、そんなものがあるはずはないと真っ向から否定されているのです。

これでは安心して死ぬわけにいきません。加えて江戸時代以降のお寺さまは、死んであの世に行くにはあの世用の別名、すなわち「戒名」（浄土真宗では「法名」、日蓮宗では「法号」）が必要だという習慣を定着させてしまいました。

以来平成の今日まで、まあそういうものか、ご先祖さまもそうされてあの世に行ったらしいからと、さして疑問も持たないままに戒名をいただいてお葬式を済ませ、あの世（というところがあると仮定して）へ送り出して来ました。

しかし、最近は風向きがかなり変わって来ています。きっかけは、戒名に払うお布施です。率直に言って、お寺さまの経済感覚は世間の常識とは違うのではないか。こんな風にしてくすぶり出した伝統仏教への批判は、今や全人口の二割を超えたといわれる新興仏教の進出という背景もあって、全国民の間に静かに広がっています。

こうした批判に対して、既成の仏教教団がしっかりと答える努力を惜しんでいることが、戒名問題という社会問題となって噴き出して来ているのだと思いますが、事態はひとり戒名だけに止《とど》まらず、簡単に言えばあの世の問題、つまり仏教の宇宙観にまで及びはじめています。

こういうことをあからさまに書くことには多少のためらいがあり、お寺さまからお叱りを受けることは覚悟の上ですが、例えば、戒あるいは戒名について、どれだけの説明がなされているでしょうか。

戒と戒名は「仏教の大地」と言われるほどの意義としきたりを持ち、仏教に志を持つ人がまずくぐる第一関門です。その正式な受戒の行法は八世紀に日本へ伝えられています。当時は生前に受戒し、その上で出家するというものでした。

にもかかわらず、おそらく室町時代以降でしょうが、我が国の仏教界の知恵者が、その歴史と伝統とは関係なく、日本独特のシステムを考え出し、戒名の持つ尊厳を失わせてしまいました。修行僧の死者に戒名を与える中国仏教の没後作僧《もつごさそう》という作法を一般信者にまで拡げてしまったのです。

加えて、詳しくはあらためてご説明しますが、江戸時代に入り、庶民をお寺さまに縛りつける「寺請《てらうけ》」という制度が始まったため、この死後戒名が一般に定着し（正確には強制され）、明治、大正、昭和と続いて来ました。

しかし、平成に入った今日の社会は、そうした伝統宗教の理屈抜きの押しつけには納得しかねる空気です。

戒名はなぜ必要なのか。お経はそんなに有り難いものなのか。

いずれも仏教では大変に大切な問いで、信者であれば、問いを繰り返しながら信仰心を深めることは当然でしょう。ところが、仏教とはすっかり縁遠くなり、自分の家の宗派も知らない国民の間からこうした疑問が吹き出したところに、問題の深刻さが感じられます。今や、仏教について改めて考え直す時期にきているのではないでしょうか。

そもそも仏教とは何か。こんな風に言い出したら、あまりに問題が大きくなりすぎ、私の手には負えませんが、身近な「戒名」や「あの世」といったことを手掛かりにすれば、仏教について私なりにご説明できるのではないかと思っています。

多くの日本人は仏式で葬儀を執り行い、墓参りを欠かさず、時には京や奈良のお寺に拝観に出掛けます。また、写経に励んでおられる方も少なくありません。一方では、仏教を「葬式仏教」と冷やかしている方もいらっしゃいます。しかし、いずれの方にしても、仏教の基本は案外にご存知ないのではないでしょうか。

以下、時にはお寺さんが困るような領域にも踏み込み、時には余談を楽しみながら、できるだけ平易に仏教の急所をご説明するつもりです。
仏教について関心を深めていただければ、これ以上うれしいことはありません。

お坊さんが困る仏教の話●目次

第一章　人は死んでどうなるの

一　そもそも「戒」とは

人生の勲章？

はじめに私の宗教上の立場を申し上げておきますが、真言宗門、仏教史が趣味の、ごく普通の信徒です。

ただ親代々観音さま大好きの家系で、私もその気分が昂じ、地元の三十三観音霊場めぐりのガイドブックを作ったこともあります。

そんな本がご縁で、時折公民館などにお招きいただく機会があるのですが、さるところでご年輩のグループ三十人ばかりに、観音さまのお話をした時のことです。

ひとまず話が終わったので「何かご質問は」と水を向けたところ、お三方が手をあげられたので、前列のご婦人に「どうぞ」と申し上げました。

「戒名ってあの世でどんな役に立つもんでしょうか」

途端に二時間の疲れがどっと来ました。

オイオイ、私は観音さまの話をしたんだよ、という気持ちだったことはお察しいただけるでしょう。ただ、そうは思ったものの、トッサに気付きました。

そうか、この方はそれが聞きたいばかりに観音さまと二時間も付き合って下さったのだ、感謝しなくては、と気分を切り替えました。

もし「この世で何の役に立つか」でしたら、「戒名がなければお寺さまがお葬式には来て下さらないのですよ」というお答えで済んだのですが、あの世となると話はまた別です。

私はあの世はないというお釈迦さまの説（そこまで言い切ってはいませんが）に賛成なのですが、それはそれとして、皆さんにお訊ねしました。

「あの世はあると思ってらっしゃいますか、あるとお思いでしたら手をあげて下さい」

瞬時にして全員の手があがりました。

年輩の方は総じて「あの世はある」という確信をお持ちですね。

あの世については第四章で触れるとして、一般にあの世に行くには戒名という手形が必要だとされています。

戒名とは本来、仏教の戒をうけ、仏さまとご縁を結んだしるしとして与えられるものです。浄土真宗や日蓮宗では戒を与えないので「法名」「法号」と言っていますが、仏さま（あるいは仏教）、それに僧（あるいはお寺）を一生涯、死後ももちろん、ひたすら信心し、お護りすると誓うことに変わりはありません。

私たちのこの世での名前を仏教では「俗名」と呼びます。俗名は死と共に消え去る。消え去るどころか俗名の方がいつまでも有名な人も多いのですが、それはともかく、戒名は仏の世界での新しい名前です。

あとで詳しく書きますが、もともとは生前に授けられるもので、平安時代には天皇も生前に戒をうけ、戒名をお持ちでした。

ところが時代が下るにつれて、その意義がなんとなく曖昧になってしまい、また江戸時代に死後戒名が制度として確立したことから、戒名はあの世での名前という使われ方になってしまいました。

そして、現代では、戒名は故人にまったく関係がなく、遺族の意向というか希望が通ります。言ってみれば「家族から贈られる人生の勲章」のようなものになっているのです。お布施さえはずめば、田舎のバアさまでも院殿号は無理ですが、ナントカ院ナントカ清大姉号、それも普通の四字ではなく九字くらいの、ご先祖さまが知ったら腰をぬかすような格別の戒名をいただくことができます。

ちょっと嫌味でいうと、戒名で経済社会の中での勝ち組であることを誇示できる訳で、故人にとっては勲章、遺族は我が家の豊かさを世間に誇示する手頃な手段です。

まあ一口にいえば、戒名のインフレ化でしょう。

その結果、実際問題として、戒名は家計にかなりの負担をかけるはずです。

故人一回限りのことだから、と無理をされるご家庭も多いようですが、結論的にいえば、戒名はどうも個人と仏さまとのつながりでいただくというよりは、社会のしきたりという面が強いように感じます。見栄を張るのはムダというものでしょう。

毎日新聞の「仲畑流・万能川柳」にこんな句が載っていました。大阪の一柳圭志さんの作品です。「戒名をだれも覚えていなかった」

ご先祖さまとの縁は捨てがたい

不埒なことばかり書いて申し訳ありません。仏書によると、戒名は仏教に後生、つまりあの世での一切を託した証《あかし》であって、あの世での仏道修行の原動力になるものだそうです。「あの世では仏教の勉強をさせられるのか」と驚かれる向きもあると思いますが、この世で悟れなかったのですから修行は当然のことです。

仏書を読む限り、仏の住むというあの世は、レジャー施設ではありません。日々修行に明け暮れなければならない厳しい世界のようだということを予《あらかじ》め覚悟されることが肝心だと申し上げておきます。

「話はあらまし分かった、ところでお前なら戒名はうけるか」と聞かれそうですが、私は正真のところ、できるならいただかなくていいと思っています。今さら中国人の名前のような二字をいただいても仕方がありませんし、まして院号など庶民には沙汰の限りだと思っているからです。

しかし、戒名お断りではお寺さまはまずお出でになってくれません。勢い無宗教葬という、地方ではまず見られない葬儀をやることになって、「あいつは生きている時も変わりモノだったが、死んでも変わっている」などと、友達の酒の肴《さかな》にされるのも少々業腹ですから、二字の戒名に信士とつけていただければ結構というのが率直な気分です。

それは戒名でつながるご先祖さまとの縁が捨て難いからです。

私たちのご先祖さまは、両親だけを遡っても二十何代で二百万人を超すのだそうで、その方々皆さまという訳には参りませんが、墓碑銘に刻みこまれている古い戒名を指でなぞっていると、江戸の頃に、明治の時代に、我が家の一時期を背負って懸命に過ごした故人の性格や働きぶりのぬくもりがなんとなく感じられてくるのです。

つまり、戒名を通してご先祖さまと語り合うことができる。俗名でもできないことはないのですが、戒名のもつ重さ深さの思いはまた格別のものがあります。

戒名は「いただかなくていい」などと書きながら、どうも筋のとおらない話になってしまいましたが、正直のところを記せばそんな気持ちでいます。

ご住職の顔色をうかがいながら

余談ばかりになりますが、ここで田舎での戒名もらいの大変さをお話ししましょう。

葬儀委員長という役どころがあります。

名前はいかめしいが、まあ葬儀を締めくくって会葬御礼の挨拶をする程度の役どころとお考えでしょうか。たしかにそういう委員長もあります。

これを「当て職」（「宛職」とも書くようですが）といいます。例えば、会社の役員が亡くなった時の委員長は大体会長さんとか社長などが務めましょう。あれが当て職委員長です。

そういう場合は事務方が揃っていて、「よきに計らえ」と鷹揚に構えていれば事は済むのですが、地方のお葬式の委員長は大変です。文字どおり世話人の大元締めで、気配り目配りと、自分でも汗をかかなくてはなりません。

中でも委員長のウデが問われるのが、故人の戒名の取り決めです。故人の人柄、お仕事はいうまでもなく、お寺との日頃の付き合い、それにこちらのフトコロ具合を勘定に入れて、戒名の位をどのあたりに納めるか、それにあわせてお布施（有体にいえば戒名料です）はいかほどでお寺さまに納得していただけるか、ご住職の顔色をうかがいながら落としどころを決めていく。

私の住む地方都市には百ほどのお寺がありますが、そのなかに市民が「東のナントカ寺と西のナントカ寺は横綱」と呼ぶ、難しいお寺さまがあります。

地方にはどこでもそういうお寺があるようですが、それはともかく、かつて私の友人が「西のナントカ寺」に相談に上がった時の話です。お布施の額でどうしても折り合いがつかず、腕組みをしてご住職の顔を見ていたら、

「学校を出たばかりの若い者に百万、二百万の車を買ってやるクセに、末代まで残る戒名になんでゼニ金を惜しむんだ」

と大喝され、なるほどそういう考え方もあるかと、やむなく納得して帰って来たという、笑い話のような実話があります。

五戒と八斎戒

閑話休題。ここまで読んでこられて一番おわかりにならなかったのは「戒」ではありませんか。

戒名はとにかく一応のみこめた、仏さまの弟子となり、戒を守ることを誓っていただく、あの世用の名前のようだ……。このあたりまでは理解されたと思いますが、「その

戒とは何ぞや」というところでひっかかるのではないか。これから先お話を進めていく上で、そこを理解していただかないと、霧の中を手探りで進むことになりそうな気がしますので、しばらく戒についてお話しすることにします。

戒は文字どおり「いましめ」です。仏教を信じる人すべてが守らなければならない戒めで、具体的に次の五つです。

生きものを殺すな。
ウソをつくな。
盗むな。
女性と不適切な関係をもつな。
酒を飲むな。

これを示されたのは、インドで始まった仏教の開祖のお釈迦さまです。

お釈迦さまは、ネパールの一王国（シャキヤ国）に生まれた王子で、人間の生死について悩み、二十九歳で王子の身分を捨てて苦行僧となり、さまざまな修行の末、三十五歳の時、心も物もすべて無関係に存在しているものではないという真理を悟り、それによって精神上の生死の苦しみから解脱《げだつ》、つまり抜け出すという教えを立て、広めた方です。

釈迦仏教の特徴は、キリスト教やイスラム教のような絶対的な力を持つ神が存在しないことです。

正しい生活を過ごしながら、生死の問題を考えるために禅定《ぜんじょう》、現代で言う坐禅と瞑想の組み合わせですが、それを行うことで、智慧を磨き、その智慧によって宇宙の原理と一体になる、つまり人間が自分の努力によって自分を救うという、自己完結のすごい宗教です。

もっとも、後世はお釈迦さまをカミとする救いの宗教に変わりましたから、以上ははじめの頃の仏教のことだとご理解下さい。

五戒は恐らくお釈迦さまが悟りのあと、同志たちと仏教教団を作った際に、先に述べた正しい生活のためにはこういうことを守ろうと定められたのでしょう。ただ、飲酒のことは後世つけ加えられたという説があります。

また、戒は漢字の字ヅラからは大変に厳しい印象をうけますが、サンスクリット語のシーラーの訳で、意味は心の持ちようということですから、後世の戒ほど厳格なものではなかったようです。その後、

正午以後に食事をしてはならない。

身を飾ったり、香水を用いたり、歌舞を観たりしてはいけない。

ベッドではなく床の上に寝ること。

の三項目が加わって、先の五戒と併せ、八斎戒《はっさいかい》と呼ばれる戒が成立しました。釈迦は信者に月一回はこの三戒も守るよう奨めていますから、恐らくは教団の僧たちのために加えられたものでしょう。

お釈迦さまが結構と仰るか

戒は教団が大きくなるにしたがって性格が変わっていきます。もちろん、僧、在家の信者ともに五戒あるいは八斎戒を守ることは基本でしたが、出家僧だけが守る別の戒ができて、しかも厳格に守ることが求められるようになりました。

これは教団が次第に大きく成長するにつれ、教団の秩序を正し、さらに修行に専念するための生活環境を作っていく上で、一定の規則が必要になって来たためです。

こうした戒は、教団を運営していく中で問題が起きるたびに、それはこうしようという決議が行われ、増えていきました。

決められた戒は、全員がゆるみなく守っていかなければなりませんから、破った僧にはことの軽重で罰が与えられました。それが「律《りつ》」で、ヴィヤナが原語ですが、戒と律は表裏一体ですから、「戒律《かいりつ》」という言葉ができたのです。

教団では月に一度、満月の夜に反省会を開き、過ちを犯した人が自己申告して、謹慎から追放までの処分をうけました。

釈迦は穏やかな人柄もあったのでしょう、「戒律」をあまり強制することには賛成ではなかったようです。しかし、教団の中には戒をしっかり守らせなければならないという強硬派も少なくありませんでした。初期仏教教団はかならずしも強い結束をしていたわけではなく、釈迦の生存中、戒をめぐる対立から釈迦のいとこのデーヴァダッタ（提《だい》婆《ば》達《だっ》多《た》）が釈迦と袂《たもと》を分かって新しい教団をつくるという事件まで起きています。

こうして戒は増える一方で、その一つ「具《ぐ》足《そく》戒《かい》」では、男子は二百五十、女子は三百四十八もの戒もありますから、修行者のご努力が思いやられます。

中国に伝わってからは、さすがにこれでは大変だ、とても守りきれないということで、戒の数はかなり減ったものの、戒はやはり仏教修行の基本として大切に扱われました。

そして、戒を守り切れば悟りにたどりつけるということで、「律宗」という宗派さえでき、我が国にも奈良時代に伝えられています。

仏教の正式の戒はそれほど重いものでした。亡くなった人に、「仏弟子となる戒を授けます、戒を授けたのですから戒名をつけてあげましょう」という我が国の仏教のインスタント死後授戒がいかに手軽なものか、果たしてお釈迦さまが、それでも結構と仰《おっしゃ》るかどうかは疑問という他ありません。

二　従来の死生観が通用しなくなってきた

死ぬ時は一人

人生の一大事について考えてみましょう。

ポックリ地蔵さま、あるいはポックリ観音という仏さまを、耳にされたことはありませんか。地方には大抵の土地にあって、参詣も盛んです。願をかけるとある日突然ポックリと、つまり狭心症とか脳溢血などで倒れ、そのまま往生することができるといいます。

延命長寿を願う元気のいい仏さまがある一方で、上手な死に際を約束して下さる仏さまもいる。仏教はまことに多仏です。

近ごろ全国各地で頻発している老人を抱えた家庭の哀しいトラブルを見聞きするたびに、居場所のなくなっていく現代のお年寄りの悲哀を感じさせられるのですが、こうした救いのあることは、お年寄りにとっては何よりも心強いことだと思います。

参詣する皆さんは、死んだら浄土に行くと確信していらっしゃる方ばかりです。家族に迷惑をかけずにポックリと逝って、しかも行き先は浄土。アクセク社会の日本で、これほどののびやかな過ごし方があることには何かホッとしたものを感じます。

お年寄りの安心の話はひとまずおいて、あなたは今まで、自分が死ぬと考えたことがありますか。

恐らく十人にお一人でもいらっしゃるかどうか。それが現代の日本では普通のことで、格別恥ずかしいことでもなんでもありません。

司馬遼太郎さんは、そのあたりについて『街道をゆく』の中でうまいことを言っています。

「人間とはまことに不思議な動物としかいいようがない。他人は死ぬが、自分が死ぬとは思ってもいない」

といっても、それでいいと言っているのではありません。

差別なくやってくる死は、やはり真剣に考える問題だということでしょう。

曹洞宗に「修証義《しゅしょうぎ》」という、明治二十三年に書かれた日本語のお経があります。道元の『正法眼蔵《しょうぼうげんぞう》』を中心に引用して編纂されたもので、その中にこう書かれています。

「無常たちまちに到る時は、国王大臣親昵《しんじつ》従僕妻子珍宝たすくる無し、ただひとり黄泉《こうせん》に赴くのみなり」

いくら身分が高かろうが、お金持ちだろうが、死ぬ時は一人。助ける者もなく、一人で死んでいく淋しさに、あなたは耐えられるか。そう問いかけているのです。

死は現在の生の終末点なのです。とすれば、充実した生き方なくして、安らかな死があり得るはずがない。そのことを考えなさい、死を見つめることは充実した生き方なのだよと、お経は教えているのだと思います。

日本人の死が変わった

それにしても日本人は、死に対してまことに淡々とした民族ですね。一瞬にして彩りあるこの世から消え去るわけですから、仕事への愛着、愛する人との別れなどさまざまな未練があるはずなのに、「死を視ること帰するが如し」などと言っています。言い換えれば、死ぬということは、隣の家にお茶飲みに行くようなものだということでしょう。

こんな民族はまずいません。

こうした死を畏れない民族性については、武士を中心とした死に方の鍛えよう、浄土教の広がり、天災や戦乱による死の日常化、明治以降ならば軍国教育の徹底などが理由として挙げられるでしょう。ただ、元をたどっていけば、やはり縄文のご先祖さま以来の霊魂信仰、つまり魂はこの世とつながって存在しているというゆるぎない信念が、いわば民族の血の中に刷り込まれているというのが、一番正確なところではないでしょうか。

しかも、ここで改めて感じ入ることは、少なくとも第二次大戦前までの日本人の持っていた死に向かい合ってのしたたかさです。

医学よりもご祈禱の方が効きめがあるといわれた時代にあって、細菌性の病気、例えば結核などにかかった場合、長い療養生活の末に迎えるのはほとんど死でしたが、それを覚悟しながら生きることに心を傾け、生涯の仕事と決めた一事に集中して、しかも心静かに死を迎えました。

「死生観の確立」ということでしょう。現代にあっても、その覚悟のカケラくらいは持って生きていきたいものです。

しかし、二十一世紀に入って、私たち日本人の死はかなり変わって来ました。死生観も改めて考え直す時期に来ているかもしれません。

親しくしていただいているさる病院の理事長は、仏教学者でもあるのですが、「二十一世紀は長生きの欲あって死生観なし。これから自分で死を意識しながら死ぬ奴などいなくなるヨ」と仰っています。

人間八十歳を超えると、まず三分の二はボケる。ボケるから死ぬことなど考えない。ボケない方も延命治療で何がなんだか分からないうちに一生が終わるという時代が来つつあるのだそうです。

また、脳死による臓器移植が始まってから、日本人の死はたしかに変わりました。医師が患者の手首で脈の動きを数えながら、「ご臨終です」と重々しく宣言する光景はもう見られなくなりました。心臓が動いていても、脳波計の波動が平らになると、一生の終わりです。人間の死の尊厳が、なんとなく軽々しくなった気がするのは、私だけでしょうか。

霊肉二元説のキリスト教の欧米の病院では、生命の灯が消えた時から遺体はもう彼でも彼女でもなく、イット（その物体）と呼ぶそうで、我が国のお医者さんも内心では多分そう思っているに違いありませんが、さすがにイットとは呼ばず、遺体に敬称をつけ「ご遺体」と呼ぶようです。遺体には魂が入っているのだというご家族の気持ちに同意しますということでしょう。

いずれにしても、従来からの死生観は通用しにくい時代になっているように思われます。

ＤＮＡに魂はあるか

死についてもう一つ問題を投げかけはじめてきたのが、最近とみに話題のＤＮＡ（デオキシリボ核酸、遺伝子の本体とされる物質）です。親は子と血がつながっているどころの話ではなく、死の概念に新しい展望を開くかもしれないのです。

ご存知のように、ＤＮＡはバーコードのような配列が一人一人すべて違います。このため犯罪捜査上、指紋に代わる有力資料として使われ、その方で知名度が高いのですが、それにもまして医学界では、次世代の医学の目指すところとして、DNAに埋め込まれたアポトーシス（プログラム化された細胞死）の研究・解明に総力を挙げています。

最も研究の進んでいるアメリカでは、DNAが記憶力をもっている、あるいは寿命を規定しているのではないか、といった新しい研究成果が次々と発表されているようですが、中でも注目されているのは、人間はDNAの運搬体に過ぎないのではないかという大胆な仮説です。

これを仏教的な立場から見ると、乱暴な飛躍ですが、個人は死んでも個体は死なない、つまり魂とか霊といったものは、実はDNAだということにもなりかねません。

一九六二年に、DNAの二重らせん構造の発見でノーベル生理学医学賞を受けた、イギリスのフランシス・クリック博士は『DNAに魂はあるか』という本をお書きになっています。日本語の翻訳書が出ているので、一読してみました。極めて難解で、正直よくはわかりませんでしたが、私なりに論旨を要約してみると、私たちは無数の神経細胞の集まりで、それに関連する分子の働き以外の何物でもない、ということのようです。

つまりDNAを魂とするには、目下のところは仮説としてもそうした論は立てがたいとおっしゃっているように拝承しました。

ノーベル賞受賞者でさえこの意見ですから、科学面で魂に迫っていくのは、まだまだ遠い将来のこととは思いますが、いずれ死に対して新しい意味づけが求められてくることになりそうで、未来のことではありましょうが、宗教界も曖昧の領域では済まされない問題になってくるかもしれません。

それはそれとして、遺体を安置する部屋は最新の病院でも「霊安室」で、あれは昔からの慣習ですが、魂の存在を認めてのことなのでしょうか。

三　現世以外の世界はあるのか

死者がたちまち

さて、遺体が自宅に戻ると、大抵その夜、菩提寺のご住職がおいでになって、枕経《まくらぎょう》という儀式を行います。

「般若心経《はんにゃしんぎょう》」などの短いお経を読むだけですが、儀式そのものには、仏さまの弟子となる受戒前段の行事である得度《とくど》、つまり出家するという意義があります。
つまり、ここで正式に死が認められ、故人の霊が公認されるのです。

死者がたちまちホトケに昇格するのは、鎌倉時代の聖《ひじり》と呼ばれた半僧半俗の人たちが遺体をそう呼んだことから始まり、いつしか仏教各宗派の正式の呼び方となったのですが、遺体と遺骨を聖視するのは我が国の仏教の一大特徴です。

とにかく黙ってお寺さまにお任せしていれば、魂は公認されます。

本人が（といってももう故人ですが）霊や魂は無いといってもあるのです。

このあたりはキリスト教の霊肉二元の考えとまったく同じで、お釈迦さまにとっては大変不本意なことでしょうが、日本人の死は、人を一挙に尊者にしてしまう。そのことの是非はまた別とすれば、世界のうちでも最も安心できる死に方のできる国だと言ってもいいのではないでしょうか。

とにかくお葬式で引導を渡され公認された霊魂は、肉体から分けられ、あの世へと送り出されます。

お寺さまは、魂は四十九日間、我が家の軒下に居座ってからあの世に旅立つ、と説教されるはずです。これは中国道教の「中陰説《ちゅういんせつ》」（死者の行方が決まるまでの四十九日間を中陰と呼ぶ）と仏教の「倶舎論《くしゃろん》」（善悪の行いがあらゆる現象の種子となるという考え）との合作で、お釈迦さまの関係したことではありません。

仏教の儀礼は、ほとんどが中国で作られたことから、道教と儒教、とくに儒教の儀式を借用したものが多いのです。

無いはずがない

そうして送り出された霊魂の行き先だという「あの世」は、三大宗教をはじめとする地球上のほぼすべての宗教が存在を肯定しています。

そのあるなしを、アマチュアの私が論じるのは、思い上がりもいいところですが、「ある論」にも弱点があります。

それは「理屈抜き」で信じなさいということです。この場合の理屈というのは、科学的な論拠ということでしょうが、疑い深い現代人には、そのあたりのカギ穴がまだカチッと合わないのです。

それではお釈迦さまのご意見はというと、「真理はただ一つであり、真理を知る者は争うことがない」と仰ったと言われていますが、実はお釈迦さまのお話は全部口伝えで伝えられ、書き残されたものは一つもなく、その真理というのにも後世の想像が加わっているようで、正直いってどのような悟りであったかもはっきりとは分からないのです。従って、これもあるいは創作かもしれないのですが、弟子マールンキナブッタがある時「死後の世界はあるのでしょうか」と訊ねたのに対し、

「今飛んで来た毒矢に射抜かれたとしよう、その矢を誰が射たのか、毒の種類は何か、そんなことを調べるより、まず矢を抜くことが大切なのだ」

とお釈迦さまは答えたと言われています。焦点をズラしているのです。

後世の仏教では、このことを「無記《むき》」（答えなし）というのですが、お釈迦さまも正直のところ水掛け論になりそうな問題には関わりたくなかったと解釈しておきましょう。

あの世の問題にふれたのは、釈迦八十年の人生の中でもこの時だけというのも不思議なことですが、釈迦が悟りを得たということから、かすかですが「ある」、いや「ある」というより「無いはずがない」というヒントが引き出せます。

手がかりは、こうです。

お釈迦さまは、当時インド民衆の悩みのタネだった生老病死の繰り返し、つまり輪廻《りんね》から抜け出す道を求め、修行の末にその道を悟られた。つまりこの世とは別の世界に安住されたのですから、少なくとも現世以外の世界があると見てもよいのではないかということです。

この見方には勿論異論があります。

当時のインド人の考えにあった生まれ変わりは、人は死ぬと火葬の煙にのって天に昇って行き、月に入る。そのあと雨にまじって地上に降り植物を育てる。植物はやがて成長して食料になり、人の体内に入って精子を作り、卵子と合わさって再び人となる。こんななんとなくありそうな素朴なものでした。

インド人は、この生まれ変わりさえいやだと嫌ったのですが、そのことはまた別として、この再生は別の世界を巡りますが、いずれも現実にある場所で、決して空想的なあの世ではないのです。

従って、釈迦の考えはあくまで現実の範囲の中のことで、輪廻を止めるといっても、別世界に入って輪廻から抜け出すのではなく、精神的な思考上のことなのです。

そう言われれば、それも一理で、共にあの世論争の決定打にはならないのですが、お釈迦さまを信じれば、とにかく輪廻を抜け出して安住できる心の世界があることだけは確かのようです。

釈迦の信念

しかし、繰り返すようですが、それは存在の確かではない「あの世」という所ではありません。これからご説明するように、そもそも釈迦はあの世に行くはずの魂の存在をはっきりと否定しているのです。

そこが自己修練による釈迦仏教の凜とした気風で、それまでのバラモン教を圧倒して庶民を惹きつけていった釈迦の強烈な信念が感じられます。

釈迦はまた自分の葬儀に弟子たちが関わることを固く禁じ、一般信者にまかせるよう遺言しました。そのことは遺言どおりに行われたのですが、火葬のあとの遺骨はガンジス河に流せという遺言は守られず、八つの部族が分配して持ち帰り、塔を建てて安置しました。

この仏塔にはいつしか信者がお参りするようになり、後に大乗仏教と呼ばれる、釈迦が考えもしなかった新しい仏教教派が成立する発端になったのです。大乗仏教については第三章でご説明しますが、生前から自分が神格化されることを嫌っていた釈迦にとって、これは大変不本意なことだったに違いありません。

しかもこれがキッカケになって、釈迦仏教の基本が崩れていったのです。それは信者たちによって高められた釈迦信仰に仏教教団が調子を合わせた結果で、ここで釈迦の名誉のためにいえば、本来の釈迦仏教には断じて霊魂など存在しませんし、「水子がたたる」などといういい加減なこともありません。

釈迦の霊魂否定の原点は、バラモン教の教えを否定したことにあります。

バラモン教では、私たちの心の奥底にはアートマンという生死を越えて変わらない非物質があり、生き死にも生まれ変わりも、皆アートマンの働きだとしていました。しかしバラモン教に真っ向から立ち向かった釈迦は、アートマンの存在を認めませんでした。

それはこういうことです。

釈迦の教えの基本は「縁起」、つまりこの世のすべての存在はそれぞれが互いに関係しあって成り立ち、それぞれが無常なのだということです。そして人間は五つの要素から成り立っているとしました。

色《しき》　肉体
受《じゅ》　感じる
想《そう》　思う
行《ぎょう》　意思
識《しき》　判断する

まとめて「五蘊《ごうん》」といいますが、「色」は肉体のこと、「受」から「識」までは精神活動ですが、それぞれが独立して存在しているのではなくて、お互いに関係して組み上がっていることは「縁起」の考えから言えば当然のことです。
だから、五つの要素の一つ「色」が消えれば、他のすべても消えてなくなってしまう。

つまり魂など残るはずがないのです。

ついでながら、中国ではアートマンを「我」と訳しましたが、「核」というほどの意味でしょう。このため釈迦の考え方を「非我説」あるいは「無我説」とも言います。

私たちは日頃よく「あの人は我《が》が強い」などと言います。この場合の「我」は本来の「我」（アートマン）とは違う日本語なのですが、アートマンの訳語から始まったことは間違いなく、案外、その本質をうまく語っていると合点されませんか。

ややこしい話になりましたが、とにかく釈迦仏教は霊魂を認めないのです。

天上も地獄も

輪廻はバラモン教をはじめとするインドの土俗宗教の中にあった考えで、お釈迦さまも認めていたところです。しかし、釈迦の死後に教団が分裂すると、各派が難しい理屈をこね始め、この世には「欲、色、無色」の三界、あの世には「地獄、餓鬼、畜生、修羅、人間、天上」の六道があり、人はこの世の行為でそれぞれの行き先が指定されるという「三界六道説」などがもっともらしく言われ始めました。

六道のうち天上は極楽ですから、仏さまと同居の別世界。人間は再び人として生まれ変わるのですからマアマアですが、畜生へ落とされ隣の家の池の鯉になった、などというのでは冗談にもなりません。

しかし、仏教界も段々と面倒くさくなって来たとみえ、時代が下るに従って中間の世界が省略され、地獄極楽に二極化してしまいましたが、肝心の極楽に関し、浄土教が阿弥陀仏の住む西方浄土だと明言している以外、各宗派ともあまりはっきり仰っていません。この曖昧模糊としているところが日本仏教の泣きどころですが、それは多分にお釈迦さまの責任です。

お釈迦さまは、魂はないと否定され、辛うじて「涅槃《ねはん》の世界」(第三章参照)という言葉を遺されていますが、これは煩悩から解き放たれた世界という意味ですから、想像の広げようがないのです。

もう少し突っ込んで言えば、浄土教の西方浄土をはじめ、薬師如来の東方浄瑠璃国《とうほうじょうるりこく》、毘盧遮那仏《びるしゃなぶつ》の蓮華蔵世界《れんげぞう》、観音さまの補陀落山《ふだらくせん》など、いろいろの仏さまがお住まいになっていらっしゃるという仏国土にしても、インドや中国の仏教家がお経の中から考え出した想像の世界で、「あると信じる」以外確かめようがありません。

こう考えてくると、確信をもって死出に旅立てるかどうか。

お葬式で弔辞をお聞きしていると、「あの世で静かにお休みになって下さい」「あの世から見守って下さい」と、大抵「あの世」が結びになっていますが、もし魂があるとすれば、当人は恐らく「そう言われても、そのあの世がどうもはっきりしないのだヨ」と苦笑されているのではないかと思ったりもします。

第二章　仏教がやって来た

一　祖霊まします我が山河

縄文時代以降のご先祖さま

「宗教」は明治のはじめにできた新しい日本語です。英語のリリジョン（religion）の訳語ですが、作られてまだ百年ほどしか経っていないので、なんとなくなじみません。それはさて置き、宗教とは何か、辞書をひいてみると、

「神仏などの偉大な力を信じ、安らぎを得ようとする心、あるいは教え」（『広辞林』）

「神仏などを信じて安らぎを得ようとする心のはたらき。また、神仏の教え」（『大辞林』）

などとあります。日本列島に私たちのご先祖が棲みついたのは約一万年の昔だそうですが、そのころ洞窟や三角小屋に住んでいたご先祖たちが頼りにし、日々の平安を祈っていた「偉大な力」とは何だったのでしょう。

有史以前のことですから推測にすぎないのですが、歴史書には「天上地上の大自然界

に起きるさまざまな超越的な現象、例えば轟々と飛沫をあげて落下する大滝、一年中白雪を冠った高山、あるいは大地を割る大地震、天上に轟き渡る雷光などに偉大な力を感じ、安心を祈る拠りどころとしていた」といったことが書いてあります。

現代の神道《しんとう》では神々の数を「八百万《やおよろず》」といっていますが、尊ぶ対象が無限にあったことを意味するところから始まった表現でしょう。インドのバラモン教が無数の神を持っていることに似かよっています。

ちょっと雑談風になりますが、ここまで書いてきた「神」という文字は、正確にはカミと書くべきかもしれません。カミという言葉の成立はかなり早かったようで、神と当て字されるのは、仏教の伝来より少し早い時代と考えられます。『日本国語大辞典』をひくと、「上《かみ》」「上身《かみ》」「陰身《かくりみ》」「鏡《かがみ》」「香見《かみ》」など、十三もの語源説が紹介されています。

ここで興味をひかれるのは、ご先祖さまがその神を仏像のように具体的な形にまとめなかったことで、仏教伝来後には八幡神像などごく一部で仏像に似せた神像が作られましたが、ほとんどの神社のご神体は鏡です。中には現在も山とか岩、あるいは滝など、自然そのままをご神体にしている神社も少なくありません。

縄文時代以降のご先祖さまが、我々の体には魂というものが宿っていると考えていたことは、当時の祭事に使ったと見られる出土品からわかっています。

このような思いは日本人だけでなく、世界のほとんどの民族が持っていたといわれます。民族によって魂の行く先はいろいろでしたが、私たちのご先祖さまは、近くの山や海の彼方に浮かぶ島、あるいは高原の森など、あまり遠くない身近なところに留まりました。最初は荒々しい「荒御魂《あらみたま》（荒魂）」として、その後は子孫によって丁寧に祀《まつ》られるにつれて次第に穏やかな「和御霊《にぎみたま》（和霊）」に変わり、祭りの日には海山の幸の供えをうけながら、集落の繁栄や一族の無事を見守るとされました。そして五十年ほどすぎると、祖霊神へと神格が上がり、さらに高い嶺の山の頂きや深い森に鎮まると信じられていました。従って、大自然を敬うことは、先祖の霊を尊ぶことでもあったのです。

これを「祖霊信仰《それいしんこう》」と呼び、のちの神道の核になります。宗教はきまりとして宗義、つまり宗門の根本となる教えを持たなくてはなりませんので、宗教としてはまだ〝半熟卵〟ながら、魂が近くの山や森に宿って現世の我々と交流しながら、子孫を守護してくれるという発想は魅力的です。そしてそれは数百数千年と年月を経る間に、人々の心に染み透り、現代の私たちもお正月になると、何はさて置いても元日には初詣に出掛け、近所の祭にはハッピ姿でいち早くかけつけるのだと思います。

霊魂とテレビ電波

ここで魂についての余談をはさませて下さい。私のささやかな体験談です。

かれこれ五十年ほど昔、私の勤務していた会社の上司のご尊父が亡くなられ、弔問に伺った夜のことです。当時は電柱も少なく暗い夜道でしたが、歩きながらフッと空を見上げると、白い尾を引いた青白い火の玉が西に向かって飛んでいくのです。夏の夜でしたが、その時は西風が強く吹いていました。しかし火の玉は風に逆らいながら西へ西へと飛んでいき、やがて見えなくなりました。

もう一つ、これは私の父親が亡くなった時のことですが、その夜、父親が最も頼りにしていた親戚の床の間が俄《にわか》にパッと明るくなり、光の輪ができてしばらく輝き、やがて消えたというのです。ご当主だけでなく、家族の方も見て「村井の伯父が来たんだ」と手を合わせ、小学生だった娘さんは、夜になると怖くてしばらくはその部屋に入れなかったそうです。

ただし、だから霊魂あるいはヒトダマが存在するなどと、勇ましいことを申し上げるつもりは毛頭ありません。それらが夜光虫の集団とか燐火《りんか》などとされることも承知しています。ただ、昔、テレビ局に勤めていた折に感じていた、テレビ電波の不思議さに似ているなという気分はあります。

テレビ電波は目に見えません。体にも感じませんが、受像機という機械があると、あのような美しい画像がバッチリと現れるのです。霊魂もあるいは存在しているのかもしれないが、私たちの能力では受け止めることができないでいるとも考えられませんか。しかし、お釈迦さまのご意見のように、霊魂はまったく無いのかもしれず、テレビ電波と結びつける性格のものではないのかもしれません。とにかく未来の文明がどんな発見をしてくれるのか、津々たる興味があります。

天ツ神と国ツ神

まわり道をしてしまいました。神に話をもどしましょう。

八世紀に入ると大和朝廷は、中央政権の権威を高めるため、『古事記』や『日本書紀』といった公式文書を作り、天照大神《あまてらすおおみかみ》など具体的な名前を持った神々を登場させ、我が国の天地はこうして作られ、それらの神々の働きによって、現在の天皇家ができ上がったのだという神話を創作しました。

これらの神々は高天原《たかまがはら》という天上の世界、いわば大宇宙からやってきたというので、天《あま》ツ神と呼ばれ、皇室の祖神とされ、伊勢の神宮その他に祭られていることはご承知のとおりです。

これに対してご先祖さまが護ってきた神を国ツ神と区別したのは、九世紀に作られた法令「令義解《りょうのぎげ》」です。しかし、ご先祖さまにとっては、身近な神々の方がぐっとなじみが深かったはずで、こういった区分けが行われる前からご先祖さまが自分たちのカミをもっていたことは、日本人の信仰を考える上で見落とせないところです。現代の日本人が伊勢神宮や出雲大社、あるいは天神社など祭神のわかっている神社は別として、普通の神社にお参りする際、どういう神が祀られているかなどはいちいち詮索せず、無条件で手を合わせているのは、ご先祖さまを敬う本能が自然とそうさせているのでしょう。

ちなみに、仏教といち早く融和したのは国ツ神で、平安時代に入ると国ツ神と仏教の山林修行の行者たちが一体となり、役《えん》の行者を開祖とする「修験道《しゅげんどう》」という、日本独自の宗教も創られていきます。

二　宗教心の源にあるもの

神は神、仏は仏

五三八（欽明天皇七）年、朝鮮半島の百済《くだら》の聖明王から、釈迦の仏像とお経三巻が届きました。仏教の来日です。

当時の我が国はまだかなりの後進国で、朝廷の宮殿でさえ草葺きという時代で、受け取って驚いたのは、黄金色に輝く仏像のまぶしさと、異国のカミが人間の形をしていたことでした。『日本書紀』（「欽明天皇の項」）では、その時のショックを「仏の相貌端厳《みかおきらきら》し」と、率直に表現しています。

百済の聖明王は仏像に添えて、

「この仏は国の平安を護ることに格別のご利益があります」

というメッセージも届けて来ました。

「ホウ、そんな有り難いカミなのか」と天皇以下の皆さん、改めて円満なお顔に見入ったことでしょう。

当時の仏教が持つと信じられていた大きな力は、国の平穏無事を護ることだったのです。異国のカミが持つというその働きは、中央集権を目ざして動き出していた時の朝廷にとっては大きな魅力でした。受け入れをめぐって五十年もゴタゴタしましたが、推古天皇の摂政になった聖徳太子の決断で国ツ神として認められ、政府の地方順化政策の基本理念になります。仏教を通して猛々しい地方豪族をなだめ、政権への信頼を集めようとしたのです。

ここで不思議なことがあります。天皇家は仏教という新しい文化を独占していたとはいえ、まだ近畿圏の大豪族にしかすぎません。天皇家と同じように強力な勢力を持ち、巨大な陵墓さえ作る財力を持っていた地方の豪族が、なぜ武力ではなく、仏教による融和政策で、次第に天皇家の政権に服従したのか。仏教と共に入ってきた中国文化の魅力はあったにしても、何か格別の理由があったのではないか。これはまだはっきりと解明されていない仏教史のナゾの一つです。

我が国の外来文化好みは、文明を持たない民族の欠点だ、などと批判する学者もいらっしゃいますが、そういう七面倒なことを言わなければ、日本人の新しい知識に貪欲なことが幸いしたのかもしれません。当時の日本の神はまだ原始的で、宗教の形を作るまでに至っていなかったことが幸いしたことは確かです。

古来の祖霊信仰はそのままで、政権も庶民も神と仏のどちらが優れているかを比べて、一方を捨てることはせずに、ゆるやかな二重信仰をとったのですが、一民族が二つの宗教を持つという珍しいことになりました。

しかも神は神、仏は仏と、それぞれの立場を尊重しましたから、神仏は対立することなく、お互いの存在を認め合い、奈良時代に入ってからですが、神仏は互いに補い合う「神仏習合《しんぶつしゅうごう》」という考え方にまで発展しました。神仏習合は、次の平安時代になると、仏の立場が強くなり、神は仏が日本で神の姿を借りて現れたものだという「本地垂迹《ほんじすいじゃく》説《せつ》」に変わっていきますが、平安時代には仏教に学んで宗教の形を整えて来ていた神道が、なぜか室町時代までは格別の苦情を言い出す訳でもなく、「天皇、仏の法《のり》を信《う》けたまひ、神の道を尊ぶ」（『日本書紀』「用明天皇の項」）という平和な状態が続きました。

室町時代になると、さすがに一言いってみたくなったのでしょう。仏はもともと日本の神である。それがインドで仏に姿をかえ、再び我が国にやってきたという逆垂迹説が言い出されたりするのですが、あまり迫力のある話ではありませんでした。

御霊信仰

しかし、魂が空中に漂って化けて出るゾの時代は、かなり長く続きました。とくに怨みをもって死んだ人の魂は、生きていた時よりもいきいきと動き廻って、相手に仕返しをやってのけると信じられました。仏教が伝わって三、四百年も経っているのに、まだヒトダマ思想が大手をふって横行しているのですから、民族の意識の奥に刷り込まれた信仰心の根強さは並大抵のものではありません。

これを「御霊信仰《ごりょうしんこう》」といいます。その始まりは、光仁天皇の第二皇子で、桓武天皇の同母弟・早良《さわら》親王です。早良親王は宮廷のゴタゴタからその地位を追われ、淡路に流される途中で亡くなりました。その直後、都で疫病が大流行し、それがどうも親王の怨霊の仕業らしいと風評が立ち、恐れた朝廷は八〇〇（延暦十九）年、親王に崇道《すどう》天皇の称号を贈り、八六三（貞観五）年には、神泉苑で御霊会《ごりょうえ》を催し、般若心経によって怨霊を鎮めました。

都は権力の巷です。その後も相次ぐ政争でそれまでの地位を追われ失意のうちに亡くなった貴人、ぬれぎぬを着せられて島流しにされ、無念の死を遂げた天皇などが続出しました。そして災害や疫病が起きるたびに「これは誰々の怨霊の仕業に違いない」と風評が立ち、その都度御霊会が行われ、魂を鎮めたのでした。京都の夏を彩る祇園祭は、この伝統を引き継いだ祭事とも言われています。

道真の怨霊

こうした相次ぐ怨霊の仕返しの中で、別格ともいうべき大事件が起きました。従二位右大臣菅原道真の怨霊の仕返しです。

道真は宇多天皇の信任が篤《あつ》く、当時朝廷を支配していた藤原一門を抑えて右大臣まで昇任したことを妬《ねた》まれ、讒言《ざんげん》で大宰権帥《だざいごんのそち》という九州の一地方官に左遷され、任地で憤死しました。さあ、それからが大変です。宮中の御殿が落雷で焼けたり、道真を追い出した藤原一門の要人たちが、次々と怪死する事件が相次ぎました。

文人だった道真からは想いもつかない荒々しい出来事でしたが、朝廷人は挙げてこれは道真の霊魂の仕業だと震え上がり、官位を元の右大臣に戻した上で、北野に天満宮を建てて神として祀り、勘弁してもらったのです。

しかも天満宮の社格を官社寺という最高位としました。官社寺とは朝廷が公認した神仏双方兼宗のやしろで、北野天満宮は天満宮という神社と北野宮寺という寺院の二つの性格を持っていたのです。官社寺は宇佐八幡、祇園社（八坂神社）など、全国に二十一社しかなかったのですから、いかに手厚く扱われたかがおわかりかと思いますが、神社名を名乗ったのは、道真の魂を社殿の空間に閉じこめて、これ以上災いを広げないことを願ってのことだそうで、朝廷もまた魂の実在を認めていたのです。

天神社は今や稲荷神社、八幡神社と並んで全国神社のビッグスリーの一つに数えられるほどですが、普及するのは江戸時代に入ってからのことで、この事件とは直接関係はありません。平和な時代になって、教育が庶民の間にも盛んになったことから、学業成就の神として再登場したのです。

ともかく、死者とこの世との近しい関係は、その後も長く続きました。血は水よりも濃いといいますが、このような事件が相次いではもう薄まるはずがありません。だから今でも先祖の霊がたたっているなど、いい加減のことを言われるとツイ乗ってしまうのです。

ここで考えさせられるのは、事件が起きたのが九〇三（延喜三）年で、仏教が伝来してすでに四百年近くも経ってからのことで、しかも道真は熱心な観音信者だったことです。ヒトダマ思想が、まだまだ有力だったことがよくおわかりでしょう。

ともかくこれが先例になって、怨みを持って亡くなった人や、無実の罪で殺された人の霊を神社に祀って鎮魂することが盛んになりました。後世になるにしたがって、その範囲はどんどん広がり、怨みとは関係なく、貴族の有力者や有名武将、義民、英雄豪傑、そして明治以降は一般軍人まで祀られ、無数の神社が創立されました。お住まいの近くにも一つ二つはあるはずです。

ついでながらこうした神社は現在、神社本庁が管理する神道神社と呼ばれ、その数ざっと一万社だそうです。

駆け足でたどれば

一方、仏教も大和朝廷の公認宗教として、主に上流階級と地方豪族の間に信仰を広めていきます。

御本家の中国では紀元一世紀頃に仏教が伝わって以来、各王朝がお経の翻訳を続け、僧たちは次々と公開されるお経に真剣に取り組み、仏教の真髄に迫って新しい視野を開いており、研鑽《けんさん》の成果は次々と我が国に伝えられてきました。

そうした刺激をうけ、天皇以下が相次いで仏弟子となる受戒をうけていたことはのちほど紹介しますが、さらに理想の仏国土建設を目指す朝廷は、全国各地に国分寺という官立の寺を建て、さらに七五二（天平勝宝四）年には総国分寺の奈良の東大寺に、仏教国家のシンボルとして、高さ十五メートルほどの大仏像、毘盧舎那大仏を作りました。国力を結集しての大事業でしたが、それほどまでに仏教へ寄せる期待は、真剣で大きかったのです。

このあと仏教界は、南都（奈良）六宗、すなわち三論宗、法相宗《ほっそう》、成実宗《じょうじつ》、倶舎宗《くしゃ》、律宗、華厳宗を中心とする学問仏教の時代となります。

平安時代となると、天台宗そして真言宗を名乗る新しい仏教がはじめて日本人の手で組み上げられます。そして、現代仏教の原点となる鎌倉新仏教のスタートとつながっていくのですが、注目すべきことは、仏教の役割が次第に変化したことです。中国仏教が全力を挙げて取り組んだ人間の心の分野への探究に影響を受け、仏教は国家の平安を祈ることもさることながら、人の生死にかかわる宗教であることが、時代が下るにつれて理解されて来たのです。

今日、私たちが最も関心をもつ成仏の思想は、平安時代から広まっていきます（成仏については改めて第四章で触れます）。最澄《さいちょう》（七六七〜八二二）の天台宗、空海（七七四〜八三五）の真言宗がその原点をつくり、鎌倉時代に入ると、この二宗のうちの天台宗を比叡山で学んだ六宗の開祖たちが、成仏を目指す強烈な個性を持った実践仏教を組み上げました。

これが鎌倉新仏教で、六宗とその開祖は次の通りです。

【浄土宗】　法然（一一三三～一二一二）
【浄土真宗】親鸞（一一七三～一二六二）
【時宗】　一遍（一二三九～一二八九）
【臨済宗】　栄西（一一四一～一二一五）
【曹洞宗】　道元（一二〇〇～一二五三）
【日蓮宗】　日蓮（一二二二～一二八二）

各宗の開祖の真意が今もそのまま伝わっているかどうかはまた別の問題として、現代の日本仏教はそろって成仏の道を説いています。

以上が駆け足でたどった我が国の仏教史の流れです。

この間には戦国時代の凄まじい宗教戦争、江戸徳川幕府の巧みな仏教統制など興味深い歴史も数多く、また明治時代になると政府は仏教弾圧に乗り出して神道を国家宗教にしようとするなど、書き出すといろいろありますが、そのことは今は触れずにおきましょう。

なんとも忙しい説明になってしまいましたが、戒名を授けられ、あの世というところへ送られる私たち日本人の宗教心の源には、実は祖霊信仰や御霊信仰があるということをご理解いただければと思います。

三　鑑真はなぜ来日したのか

切羽詰まった背景

ここからは、戒の来日のいきさつ、その後に戒が私たちに押しつけられる寸前までの経過についてお話ししましょう。

前述のように、戒はお釈迦さまが考えたものですが、戒名は中国仏教の創作です。中国に仏教が伝わったのが紀元一世紀頃、三世紀には戒の入門書『僧祇《そうぎ》戒心《かいしん》』が書かれ、四世紀には法顕が戒律の詳しい資料を求めてインドへ出掛けていることから、戒律の大切なことは、早くから理解されていたようです。

当時の中国の国民宗教は上流階級が儒教、庶民は道教でしたが、儒教はとくに格式を重んじて「礼に始まり礼に終わる」といわれ、天に祈る宮廷儀式から日常の礼式までかなり整っていたようです。後発の仏教は多分にそれらを上手に取り入れ、日常のお勤めの形を整えていったのでしょう。戒をうける正式の儀式が「三師七証」といわれ、三人の授戒僧と七人の証人が立ち会って行うなど、なんとも格式ばっているあたりはいかにも儒教風です。

受戒者に戒名を与えることも、その儀式の一環として考え出されたものと思われます。中国の仏書に出てくる僧の名が四世紀頃から二字、しかもお経から採ったと思われる「慧」とか「道」などが多く使われていることからも、それが察せられます。

日本に戒の正式の行法を伝えたのは、七五三(天平勝宝五)年に来日した鑑真《がんじん》(六八八〜七六三)です。彼は戒のことで困り果てていた我が国仏教界の助っ人としての来日でした。

僧が出家に当たって戒を守ることを誓う受戒のことは、すでに我が国でもわかってはいましたが、正式の行法が伝わらなかったためか、あるいは戒の重要さに気付かなかったためか、適当にことを済ませていました。これが先進中国の仏教界のカンにさわったのです。はるばる怒濤を越え、やっと中国に渡った留学僧に対し、「正式の受戒をうけていない以上、僧として認めるわけにはいかない」とクレームをつけ、修学を断るトラブルが続出しました。

報告を受けた仏教界は頭を抱えます。そして、考えついたのが正式の資格を持つ授戒僧を招くことで、早速中国に招請の使者が出され、鑑真和上の来日が決まったのでした。鑑真が五度も海難事故に遭いながら苦難の来日を果たした陰には、そのような切羽詰まった背景があったのです。

聖武天皇も

鑑真を迎えた我が国では、早速東大寺大仏殿前で正式の授戒式を行ったのを皮切りに、その後境内に戒壇院を建てて授戒を行うようになりました。すでに出家している僧の他、後生の安楽を願う三位以上の貴族にも仏弟子となる受戒を認めましたから、公家たちの間では戒名、つまりブッダネームを持つことが大流行しました。聖武天皇も受戒して「勝満」なる戒名をうけています。

朝廷では、東大寺の他、関東では下野《しもつけ》（栃木県）の薬師寺、九州では筑紫観世音寺（福岡県）にも戒壇院を建て、受戒の機会を広げました。ただ受戒の出願者は有力寺院の推薦が必要で、現在の国家公務員一種試験並みの難関だったようです。合格者が公務員の僧として採用され給料が支払われる関係上、僧が無闇にふえることは財政上好ましくないため、実はここで出家者をせき止めていたのです。役人のチエというのは、今も昔も相当なものだと感心する他ありません。

天皇や公家たちの生前の受戒がいつごろまで続いたのか、五十九代の宇多天皇の生前受戒は記録に残っていますが、その他の天皇や公家の葬儀に戒名が使われたのかどうか、申し訳ないのですが、私の読んだ史料の中から見つけることはできませんでした。

ただ、一般的には生前に受戒出家して戒名をいただく上流階級の熱意は次第に薄れていったようです。亡くなる前に仏との縁を結ぶことを思い立ち、臨終間際ににわかに僧を招いて受戒した人のおかしさをからかった文章が当時の公家の日記に見えており、そんなところからも熱意の薄れが察せられます。

そうした戒への関心の流れとは逆に、中国から整った儀式として葬儀を輸入したこともあって、次第に葬儀の担当は僧の手に移っていったようで、史料からも天皇の大葬が仏式で行われたことがわかります。このため、それまで朝廷の葬儀を担当していた遊部《あそびべ》の人たちは職を失い、民間の死者の火葬を行う三昧聖《さんまいひじり》に転業せざるをえませんでした。

戒は守られていたか

ここでちょっとブレイクにしましょう。

僧になることを出家といいます。この場合、「家」というのは自分の属する社会と家族のしがらみすべてのことで、それを絶って乞食《こつじき》の身分になり、文字どおり、山野を宿とし、他人の施しをうけながら修行につとめるのが本来の姿で、釈迦の修行の頃は持ち物さえボロの衣服、食物を入れる鉄鉢、水を濾《こ》す布、救急薬少しと制限されていました。シャキヤ国の王子であった釈迦でさえ、その姿で、厳しい修行を六年間も続けたのです。

そうした生活をできるだけ守っていこうというのが、そもそもの戒の精神だったのですが、苦しいことはできるだけ避けたい、という人の心は出家者とても同じと見え、釈迦の死後には、酒も少々はやってもよかろうという仏教の根本五戒に触れるようなことをいいだす不心得も出て、そのことで教団の分裂まで引き起こしてしまいました。出家者のつつましやかな生活を、出家者自身が守らなくなっては、教えの性格そのものが変わってくるのは、当然の成り行きとしか言いようがありません。そのことはまた後で書きます。

さて、我が国の場合はどうか。

鑑真さんには、五度にわたる渡航の失敗の過労から失明するほどのご苦労をかけてお出でいただき、正式の戒を教えていただいたものの、史料を読む限り、出家者である自覚は、奈良時代の末頃から早くも崩れはじめてしまったようです。

さきにも触れたように、具足戒では男に関して二百五十も禁止事項があるのですが、とくに絶対に守るべき事として挙げているのは、次の四条です。

人を殺さない。

盗まない。

私は悟ったと偽りを言わない。

女性と交わらない。

このいずれを犯しても教団から追放になりました。

しかし、当時も戒が本当に守られていたかというと、少々マユツバのようです。では現在はどうだ、という声が聞こえてきそうですが、そのことはまたいずれ折を見てということにいたしましょう。

第三章　大乗仏教は釈迦仏教にあらず

一　「悟り」から「慈悲」へ

涅槃は死後の世界か

我々日本人には宗教心のその下に、もう一つの祖霊信仰という心の基層がある。そのことはすでに書きました。仏教という異国のカミに対して、さしたる争いもなく迎え入れ、その後引き続いて大陸から流入してくる、さまざまに変化する仏教から本質を巧みに抽出し、インド仏教、中国仏教とはまた違った独自の日本仏教を作り上げたのも、その基層あってのことです。ただ単に仏に祈る素朴さだけでは、どんどん変化していく仏教は到底料理しきれなかったと思います。

ところで、私たちが日頃接している現代仏教は、仏教つまり釈迦の教えと名乗ってはいますが、釈迦の開いた仏教と、解脱《げだつ》、つまり現世の苦しみから抜け出すということでは皮一枚つながっているにしても、そこにたどりつく道筋がまったく違うのです。釈迦仏教から発展した大乗《だいじょう》仏教の流れの中にはありますが、そこからさらに変質した仏教で、あとでもう一度触れますが、「日本型仏教」と呼ぶのが一番ふさわしい、と私は思っています。

その日本仏教をさらにくわしく論じる前に、釈迦仏教、大乗仏教、小乗仏教、中国仏教とはどういう仏教なのか、そこにはどういう違いがあるのかを理解していただかなければなりません。

そこで、まず釈迦仏教の話から入ります。お釈迦さまについてはすでに触れていますが、ここではもう少し詳しく論じてみましょう。

お釈迦さまが活躍されていた紀元前五百年頃のインドの国民宗教は、バラモン教でした。バラモン教は、太陽や月などの自然崇拝の宗教ですが、大きな特徴をもっていました。信者を身分によって四段階に差別していたのです。最高位がバラモンの神官、次位が王と貴族、その下が武士庶民、最下層が奴隷です。

信者は死後、あの世から再びこの世に生まれ変わるのですが、生前バラモン教を信仰し、神に供物を捧げて供養を積まなければ、下層の階層に落ちて生まれると脅かされていました。このため供養の余裕のない階層は再生を恐れ、生まれ変わりのない平安な世界を切実に願っていたのです。

こうした大衆の望みに応えようと、多くの反バラモンの修行者や自由主義者が、バラモンの教義を打ち破るべく努力を重ねました。先に触れたように、釈迦もその一人で、六年間の苦行の末、永遠に安住できる、輪廻のない、平安な世界を得る真理を悟ります。釈迦の悟りは、文献が残っていないので正確には伝わっていないのですが、おおよそのところ次のようになるでしょうか。

生老病死の四苦を繰り返す輪廻は、人間の欲望（煩悩）から出発している。したがって煩悩を絶ち切れば苦はなくなる。煩悩をなくしていくには、この世のすべては関係し合ってできていることを理解し、しかもそのすべては無常だと知った上で、日々を正しく過ごし、精神を集中していけばよい。その修行で得られた無上の知慧によって安住の世界に入る……。

そして釈迦は煩悩から解き放された世界を「涅槃《ねはん》の世界」と名付けました。

ここで注目すべきことは、一般に涅槃とは死後の世界のように思われていますが、実はそうではなく、修行を積んでいけば到達できるこの世の境地であることです。つまるところ、釈迦は「死」すなわち「滅」としていましたから、死後の世界はないのです。

大乗と小乗

ところが釈迦が亡くなると間もなく、仏教に死後の世界が登場します。

その始まりは、釈迦の死によって頼みとする対象を失った信者たちが、釈迦の墓所に詣で、そのお陰を受けようとしたことからです。

形としては、釈迦の遺骨を礼拝したのですが、中身でいえば、釈迦の霊に祈ることですから、魂などないといっていた釈迦仏教の原則は、自然と崩れました。教団の後継者たちもこれには困ってしまったものの、正面切って霊魂不在説を否定することは憚られたとみえ、「ある」とも「ない」とも言わず、問題を漠然とさせたまま、こういい出しました。

「山川草木悉有仏性《さんせんそうもくしつうぶっしょう》」

草も木も虫も、この世のあらゆるものは、仏になれる本質を持っているというのです。

この釈迦の墓所信仰は次第に発展して、大乗仏教という新しい仏教を生み出します。

あとで詳しく書きますが、大乗仏教は慈悲の仏教で、当然死後の安楽を保証しなければならず、ここからあの世での成仏も公認へと大変化を遂げたのです。

また、紀元前後から次第に広がっていったアジア各国の民族宗教は、いずれも祖先の霊魂と共存していたので、仏教は各地でこうした民族宗教と妥協し、死後の世界との関わりを深めていきました。その事情は、我が国も同様です。現在、我が国の仏教界の主流になっているのは十三の宗派ですが、行き先であるあの世は一致していません。念のため、十三の宗派を記しておきます。

【奈良仏教】法相宗・律宗・華厳宗
【密教】真言宗
【密教と法華経】天台宗
【浄土教】浄土宗・浄土真宗・融通念仏宗・時宗
【禅宗】臨済宗・曹洞宗・黄檗《おうばく》宗
【法華経】日蓮宗

これらは釈迦亡きあとの大乗仏教が、多くの仏を作り出し、それぞれの仏に浄土という領国を持たせた結果です。仏教が発祥したインドのバラモン教が、梵天を最高神にして、多くの神々を持っていたことと関わりがあると言われていますが、これも大乗仏教のもう一つの新しい芽でした。

大乗の「乗」は、文字どおり乗り物のことで、みんなで大きな乗り物に乗り込み、釈迦の教えにそって悟りの彼岸《ひがん》に渡ろうという意気込みをこめ、「大乗仏教」と名乗ったのです。もちろん引き続き釈迦の教えを守り、教団で自分の悟りを目指して修行を続ける人もいました。しかしそれは、個人の悟りしか考えない、つまり小さな乗物に乗っているようだ、と大乗派は批判し、「小乗派」と名付けました。

ここで釈迦仏教は、完全に二つの流れに分かれたのです。

大乗仏教も最終的には、解脱の世界を目指しましたから、仏教であることに変わりありませんが、釈迦仏教には「他人を救う」という働きはありませんでしたから、大乗仏教はまったく新しい宗教のスタートだったとも言えましょう。

僧も大衆も

もう少し大乗仏教の話を続けます。

大乗仏教は、信者の大衆運動の自然の盛り上がりの中から生まれたものです。有力な指導者がいたわけではないので、他人を救いながら、自分も悟りを目指して修行する僧を「菩薩《ぼさつ》」と呼んで、推進役にしました。正しくは「菩提薩埵《ぼだいさった》」で、もともとのサンスクリット語では修行中の釈迦を意味する言葉でしたが、「仏の知恵を求め続け、未だ仏にはなっていないが、いつかは仏になる候補者」として、推進役の僧を「菩薩」と呼んだのです。

ただ、大乗仏教の形が整ってくると、「菩薩」は推進役だった僧の呼び名から、仏の世界で修行を続け、人々を救う仏の名前に変わります。観音菩薩、文殊菩薩などがそうです。

ここで参考までに、仏さまの序列を紹介しておきましょう。

最高は釈迦如来、薬師如来などの「如来《にょらい》」。如来とは「真実から来たる人」という意味です。次が「菩薩」、その下が不動明王、愛染明王など仏教を実行する「明王」、そして専門分野を引き受ける帝釈天、弁財天といった「天」の順になっています。天はバラモンの神々を仏教の守護役として取り入れた仏です。帝釈天は「フーテンの寅さん」でお馴染みでしょう。

大乗仏教は救いを取り入れたことで、大衆の広い支持を集めていきました。僧も今までの釈迦仏教の厳しい自助努力の修行に比べ、多くの人を救済すること（「利他行」といいます）が、悟りへの修行につながるのですから、大賛成となったわけです。

釈迦仏教の修行の難しさにはついていけないという空気は、すでに釈迦の死の直後から出ていたようで、「法句経」というお経の中には、

「釈迦の弟子には解脱あることとなし、何をもっての故なれば、彼らは常に楽行を楽しみ、苦行を畏れるが故なり」

という厳しい批判が見えています。

「悟り」というのは響きのいい言葉ですが、数百の戒を守り、「八正道」という規律に副《そ》って、ひたすら禅定に励む修行ですから、苦行に近いものです。それを乗り越えて悟

り、涅槃の世界に達した僧は、どのくらいいたものでしょう。仏書では、悟りを得た人を「阿羅漢《あらかん》」すなわち「施しを受けるに値する人」と呼びます。いま禅宗のお寺で見かける五百羅漢は、その姿を伝えるものだと言われていますが、果たしてそのように多くの人が悟れたものだったのでしょうか、ちょっと頭をひねってしまいます。

大天才竜樹の理論

三世紀のはじめ、その大乗仏教にナーガルジュナ、漢訳で竜樹《りゅうじゅ》という大天才が登場して、大乗仏教の理論を不動のものとしました。彼は釈迦の教えを詳しく検討し直して、釈迦が、

「この世のすべては、互いに関連し合って成り立ち、一つとして永久に不変なものはない。それが私の法（ダルマ）の基本だ」

と説いた点に注目し、すべてが変わるなら法だって変わるはずだ、つまり、一切は「空《くう》」なのだと、釈迦の思想を新しい視点で切ってみせたのです。

「空」とは、簡単にいえば、数字におけるゼロを意味します。「空」の解釈をめぐって

は、それこそ百家争鳴ですが、仏教史からいうと、たまたま中国にゼロの観念がなかったことからの混乱です。ゼロはインド人が発明した世界史に残る大業績だとされますが、ゼロの概念がなかった中国の翻訳僧は、大苦心された末にでしょう、これを「空」と表現しました。

ご存知のように、漢字にはさまざまな思想が含まれています。「空」は絶好のテーマとなり、中国でも我が国でも面倒なお話になってしまいました。ちなみに、「色即是空」における「色」は物体のことで、「一切はゼロから始まって、ゼロに戻ってくる」と解釈すれば、よくわかるのではないでしょうか。

それはともかくとして、ここで初めて「空」の思想が打ち出されました。この新しい切り口に、仏教は飛びつきます。さらに竜樹は、信者の信仰が釈迦の温かで寛容な心に集まっていることに注目し、仏教の本質は「慈悲」なのだと、解脱の釈迦仏教を一転させ、救済仏教に変えてしまいました。

竜樹が根拠としたのは、釈迦が生前に万人を引きつけた人柄と、思いやり溢れる言葉や行いでした。釈迦のそうした性格は、人格というより仏の性格、つまり仏格と呼ぶべきものではないか。釈迦の仏格に頼れば、きっと衆生を救って下さるに違いない。竜樹はそう釈迦から引き出し、拡大して宗教にしたのですが、少し乱暴な言い方をすると、生身の釈迦を粉々にして、慈悲の心だけを抜き出し、聖化させたということです。「慈」とは、いつくしむ心、「悲」は共にする心のことで、英語のヒューマニティに当りましょう。

竜樹のなし遂げたこの大仕事を、もし釈迦が聞かれたら、

「空の考えはよろしいが、そんなに持ち上げた仏格などワシにはないな。それにワシが六年もかかってやっと悟った解脱が消えてしまったのはどういう訳なのだ」

と仰るに違いありません。

ちなみに、竜樹は中国では「八宗の祖」とあがめられています。

富永仲基の批判

今私たちが接している仏教が、釈迦という歴史的な人物はそのままにしながら、釈迦仏教から大きく転換してしまったのは、この時からです。現代の日本仏教は、その方向

転換した大乗仏教の流れをうけついでいます。

この大乗の考え方に対して、それは仏の説いた教えではない、という主張があります。「大乗非仏説」と言い、宗教史上の説として認められているものです。

今から三百年近くの昔、江戸幕府の吉宗将軍の時代に、なんとそれに気付いた日本人がいます。富永仲基《とみながなかもと》という大坂の儒学者で、醬油屋さんの息子です。趣味で仏教を勉強しているうちに、お経の文言から矛盾に気付き、「加上説」、つまり後人は先人の説に自説を加えて正統を装う、という考え方に達します。そしてその著『出定後語《しゅつじょうごご》』で、仏教史を批判的に説き明かし、釈迦仏教と大乗仏教とはまったく違うことを証明したのでした。

「うちらのお寺はんとお釈迦さまは、何の関係もあらへんで」と言い出しましたから、京大坂のお寺さまは真っ青になりました。しかし庶民を檀家にして、お寺さまは絶対の権威を持っていた時代です。平田篤胤《あつたね》などからは注目されたものの、諸仏家から手厳しい批判を受け、世間からも冷たい目で見られ、気の毒にも若くして亡くなりました。しかし、お経以外に資料のない時代に、この発見をした富永仲基の研究は、今日では高く評価されています。

富永仲基の意見は、当時としてはまったく異端の説でした。お寺さまにとっては、釈迦仏教に戻れと言われても困る。今（といっても当時のことです）説いている仏教は、宗教的考察は一切抜きにして、ひたすら大乗仏教の仏の慈悲の極致ともいうべき、「死者即ホトケ」を宗教にしてしまっているのですから、その土台がガラガラと崩れてしまう恐れがあります。そこで富永仲基を批判する他なかったのです。

日本仏教は大乗仏教の流れにありますが、そこからさらに変質した仏教で、仏になる条件を「煩悩の焔を吹き消す」の一点に絞りました。死ねば欲も悩みも一切無くなるのだから、面倒は一切無しで、たちまちホトケになるという驚嘆すべき発想をしたのです。これまた「非仏説」であることには違いなく、悟りを目指す釈迦仏教を慈悲の宗教に方向転換させた竜樹の説を第二の発想とすれば、第三の発想と言えるかもしれません。

お亡くなりになりました。お経をあげ、戒名を授けて、「ハイ、これで成仏です」。そのことに絞っていえば、とくに現代の日本仏教は、大胆不敵という他ありません。仏教を名乗ってはいますが、よくよく見ていくと、釈迦の教えとはかなり遠い宗教のような気さえします。

二　仏教と葬儀は無関係だった

無宗教葬は十人に二人

「神仏に頼ることなく死後の世界に足を踏み入れよう」

この無宗教の葬儀の考え方はなかなかの大決心だと思って来ましたが、案外そうでもないようで、読売新聞によると、二〇〇五年の実績ですが、東京都内の葬祭場で、無宗教葬で葬儀を済まされた方が、なんと十人に二人もいらっしゃったそうです。

私は今まで百人を越える友人知人を見送っていると思うのですが、お坊さん抜きの葬儀というのは、創価学会の葬儀以外一回もありません。

ややそれに近い戒名なしが一回だけありましたが、どういう話し合いをつけたものか、お寺さまがいらっしゃってちゃんと読経され、私は戒名なしの故人の遺志を認めた家族に感服するとともに、この和尚もすごいお方だナと、心の中で拍手したことを覚えています。とにかく、都会と地方のこの落差、いったいどうなっていくのでしょう。

ですが、考えてみると、我々庶民が仏教とお付き合いを始めたのは、鎌倉時代以降のこと、葬儀をお願いするようになったのは、もっと下ってせいぜい五、六百年くらい前でしょう。いま庶民を悩ませている戒名に至っては、貴族武家はともかく、庶民は江戸時代からで、そう考えていくと、仏教だのみのお葬式も数百年先のあたりからのことで、そう驚くほど古いことではないのです。四、五百年もすれば解消するかもしれない。そう気楽に考えてもいいのではないでしょうか。

中国では儒教との競争から

釈迦仏教は、もともとお葬式とは無関係です。大乗仏教が中国に入って、やがてお葬式と付き合う宗派ができて、そこから葬式仏教は始まったのです。我が国でさえ、奈良時代までに伝わった宗派は、今でも葬儀は一切しません。奈良の法隆寺、東大寺、興福寺、京都の清水寺などは、いずれもそういうお寺です。

中国の仏教が葬式に関係するようになったのは、儒教との競争からです。中国の死者の霊魂は、紀元前から主に儒教であの世に送り出されていました。それに道教も並んでいたので、仏教が割って入るにはやはりお葬式が手っ取り早いと考えたようです。しかしインドでは、仏教の葬儀はありませんでしたから、それなりのご苦労はあったと思います。ただ、お経という有力な道具を持っていたので、読経を中心に、儒教、道教の儀式も参考に組み上げたものでしょう。

十二世紀初めに中国で書かれた禅宗の「禅苑清規《ぜんえんしんぎ》」は禅寺のさまざまな法式をまとめたものですが、これを基本に各宗派で葬儀の本格的なマニュアルが作られたようです。

遺体は野棄て

仏教が伝わった頃の我が国の葬儀は、まだ葬礼というにはほど遠い素朴なものでした。天皇の大葬でさえ殯宮《もがりのみや》という仮殿を作って遺体を安置、誄《るい》（弔辞）を捧げ、歌や踊りで霊をなぐさめる程度で、葬儀という言葉さえ忌み嫌われ「吉事《よごと》」と呼ばれていました。

葬儀の概略をまとめた「吉事次第」という史料が現存していますが、棺の大きさや火葬所である貴所屋《きどころや》の規模などは詳しいのですが、葬儀そのものの記述はあまりありません。

中国仏教の葬儀の形式がはじめて取り入れられたのは、七五六（天平勝宝八）年に亡くなった聖武天皇の大葬で、日本書紀にも詳しいのですが、仏式らしいことが採用されたのは、陵墓に向かう行列のきらびやかな組み方だけで、僧はまた参加していません。

しかし受戒している歴代天皇の仏教信仰の思いは強く、八八〇（元慶四）年に亡くなった五十六代清和天皇は、座禅を組み、西方を向いて崩御されたと伝えられていますから、葬儀は次第に仏式の色合いを濃くしていったと思われます。

その後の五十九代宇多天皇と六十代醍醐天皇は、共に天台宗の高僧が導師を務めていますから、このあたりから仏式葬が完全に定着したことは間違いなく、明治政府になっても、孝明天皇は仏式葬でした。

また、一二四二（仁治三）年に亡くなった八十七代四条天皇の大葬が京都の泉涌寺《せんにゅうじ》で行われたことが始まりで、以来天皇の葬儀は、途中に断続はありましたが、ほとんどこの寺で行われ、寺も長く皇室の菩提寺となりました。現在は真言宗泉湧寺派の総本山ですが、境内には多くの天皇、皇族の陵墓と、四条天皇以来の歴代天皇の位牌《いはい》が祀られています。

しかしこれは、天皇など上流社会の話です。庶民に葬儀があったのかというと、恐らくは無かった、もしあったとすれば、シャーマン（巫女、すなわち霊魂と話ができるとされていた呪術師）が、死者の魂が災いを与えないように祈った程度のことだったでしょう。

そして遺体は、野棄て葬が基本で、土中に埋められるか、山野に放置されました。これは貴人も同じ扱いで、殯宮も本質的には野棄てで、仮宮の中で白骨化するのを待ち、その後山中に埋葬されたのです。従って疫病が流行して大量の死者が出ると、京の都でさえ鴨川の河原や付近の山野は遺体で埋まり、都中に屍臭が満ちたことが、当時の公家さんの日記にしばしば見えています。

日本での火葬第一号

仏教の遺体の扱いは、インドの風習にならって火葬が原則でした。七〇〇（文武天皇四）年に亡くなった法相宗の開祖・道昭《どうしょう》（六二九～七〇〇）が、我が国の第一号だったと記録されています。

しかし、それ以前に日本で火葬がなかったわけではありません。民俗的にはもっと早かったようで、道昭以前となる推古朝（五九二～六二八）の頃からと推測されています。しかし、岡山県の古代遺跡の最近の発掘によっても火葬があったことが判明しています。いずれにしても、「火葬は仏教伝来以後」という定説をくつがえすものです。詳しいことは今後の調査を待たなければなりませんが、おそらく今までともに暮らしていた仲間を死体のまま放置しておくことに耐えられなかったのではないでしょうか。

それはともかく、仏教の火葬の習慣は、基本的には野棄て葬だった我が国の遺体の扱い方に変革をもたらしました。

火葬が庶民と仏教を結びつけるキッカケになった。このことは、仏教も体面あってか、あまり触れたがりませんが、事実です。道昭の弟子で、奈良時代の民間の僧、「私度僧」と呼ばれた行基《ぎょうき》（六六八～七四九）が近畿の各地に作った四十九の寺は、実際はほとんどが火葬場とその付属施設だったようです。行基はそれらの寺で読経によって死者を弔い、火葬を行うことで仏教と民衆を少しずつ結びつけていったのでしょう。

私度僧たちは寺などにこもらず、庶民の暮らしの中に入って教えを広めたのが強みでした。行基につぐ念仏行者の代表として、歴史は十世紀の空也（九〇三～九七二）の名をあげますが、実際にはもっと多くの半僧半俗の人たちの活動があったと思います。

こうした人たちはまた、行基の建てた火葬寺や、あるいは京都郊外の鳥辺山《とりべやま》の辺りに沢山あった火葬場に集まって、南無阿弥陀仏の幟《のぼり》を立て、死者が担ぎ込まれると、見送りの人から僅かの鳥目《ちょうもく》、つまり銭をもらって、念仏を唱えたり、火葬を手伝ったりしました。その中には、前章で触れましたが、宮中で古来の葬儀が廃止されたため失職した、葬礼担当の遊部の人たちも交じっていて、葬儀の真似事もなんとなく形がつきはじめていく。これが庶民の葬儀の始まりだったと思います。

鎌倉時代に入って鎌倉仏教と呼ばれる浄土宗、浄土真宗、時宗、臨済宗、曹洞宗、日蓮宗の各宗が相次いで開宗しました。奈良時代の南都六宗、あるいは平安時代の天台宗、真言宗の政府公認の教団に対しては、新興教団です。

在来の各宗は、政権の援助や貴族の寄進などで広大な寺領をもち、豊かな財政で運営されていましたが、新しい鎌倉仏教の各宗は、信者の僅かな寄進が頼りで、いずれも苦しい教団運営からのスタートでしたから、葬儀のお布施に目を付けたのは当然で、室町時代の頃から、それまで非僧非俗の人たちが担っていたお葬式の分野に、教団として入り込みはじめたのです。時宗などは逆で、非僧非俗の人たちを抱え込んで、強力な教団勢力を作りあげています。

この間の事情は、第二次大戦前は不在地主として多くの小作地を持ち、戒名収入など二の次だった地方のお寺が、戦後の農地解放で一挙にそれを失い、今日の葬式仏教と言われる現象を招いたことと一脈通じる感じがしないでもありません。

お葬式の収入が教団運営上欠かせない有力な収入であることに気付いた各宗派は、こぞって葬礼を整えることに力を入れました。

こうして葬礼が完成して来たというのに、時代は室町時代から戦乱相次ぐ戦国時代に入りました。庶民が落ち着いて葬儀を営む余裕があったとは思えません。全国で繰り広げられた合戦の陣中には、時宗僧や修験道の行者が従軍僧となって加わっていたようですから、戦死者の供養が行われたに違いありませんが、何しろ合戦の場のことです、せいぜい読経や念仏程度のことで済ましていたのではないでしょうか。

いつか葬儀中心の教団に

江戸時代に入って、ようやく世の中も安定して来ました。さらに幕府は、切支丹対策から、全日本人をすべて仏教徒とする政策を強力に推し進めました。現代のお葬式の形式が固まってきたのは、この時代からです。そして、時代と共に格式張ったものになって来たのだと思います。

諸行無常、世の中のすべては常に変わるのだという仏教の教えはよくわかるのですが、食べるために教団の教義を変えるというのは、妥協のしすぎで、どうも感心しません。曹洞宗教団には申し訳ないのですが、一つの例として引かせていただきます。

宗祖・道元は「オヨソ無上菩提ハ出家受戒ノ時ナリ」といって、在家信者の受戒は認めませんでした。また読経、礼拝、焼香など一切を無用のこととして厳しく戒めていましたが、現代の曹洞宗は座禅と同じように、読経を重視しています。葬儀にも「入棺諷《にゅうかんふ》経《ぎん》」から始まって、「引導諷経《いんどうふぎん》」まで四種類か五種類の読経を行います。道元の厳しい禅風はほとんど失われ、他の教団と同じ葬儀中心の教団に変質しているのです。

もっとも、曹洞宗では道元の「高祖」に対し「太祖」ともされ、二世懐奘《えじょう》と三世義介《ぎかい》に学んだ瑩山紹瑾《けいざんじょうきん》（一二六八～一三二五）の英断によるこの道元禅の民衆化がなければ、曹洞宗の今日がなかったことは確かで、このような変わりようは鎌倉新仏教各教団に共通しています。

心の根幹にふれる宗教は、心棒になる核があって、世の変化に動じないよう、心棒を糸車のようにぐるぐると外側から捲いて固めていくものではないかと思うのですが、この点、仏教はいかがでしょう。仏教教団にその覚悟はありましょうか。

三　お経を書いたのは誰？

聞いても読んでも

このあたりで、お葬式のかなめであるお経についてお話ししましょう。

近年は斎場になって椅子席ですから助かりますが、昭和の中頃までは、お寺さまの広い本堂にズラリと正座したものです。後方の人はともかく、前の方に座ると膝を崩すわけにもいかず、読経が進むにつれて足の痺れはひどくなる一方で、とても故人を心静かに見送るどころではなく、ひたすらお経の終わるのを待ちました。その頃のことです。弔辞奉呈ということで、お名前を呼ばれ、立ち上がった方がいきなり真正面にバッタリと倒れました。

「アッ、脳溢血？」

一瞬会場は息をのみましたが、倒れたその方、すぐ起き上がると必死になって足を揉みはじめたのです。参列者の皆さん、足の痺れからおきた珍事とはわかったものの、席が席だけに笑いだすこともはばかられ、一斉にうつむいて笑いをこらえていました。あの光景を思い出すと、今でも吹き出してしまいます。

不信心なことを書きましたが、とにかくお経は、耳から聞いたのでは、まずわかりません。では経本ではどうでしょう。漢文の知識があれば読めないことはありませんが、特別な仏教用語が混じっているのが難点です。ごく初歩の経文をここで取り上げてみましょう。

開経偈《かいきょうげ》（読経の前に唱えるお経）

無上甚深微妙法（むじょうじんじんみみょうほう）
百千萬劫難遭遇（ひゃくせんまんごうなんそうぐう）
我今見聞得受持（がこんけんもんとくじゅじ）
願解如来真実義（がんげにょらいしんじつぎ）

まず、かな文字だけ声を出して読んでみて下さい。本当はどなたかに読んでいただき、聞いてみるといいのですが、いくつかの単語が聞き取れた程度ではありませんか。次に漢字の方を読んで下さい。

「無上甚深微妙法」、これがまず第一の壁でしょう。仏教を讃える専門用語です。二番目には「劫《ごう》」ですか。これはインドの長さの基準で、極めて長い時間のことです。最後の「如来真実義」も仏教の知識がないと難しい。如来真実義は如来（仏）の心、あるいは願いで、間接的な言い回しで仏法のことを言っています。

おおよその意味は、この上なく奥深く尊い教え、すなわち仏法は、長い年月の間にもめぐり合うことは大変難しいのだが、幸いなことに私は今知ることができた。これからは仏（如来）のまことの願いを理解することに努めます。

そんな意味かと思いますが、一読しておわかりだったでしょうか。我が国に伝えられた約三千のお経は全部このとおりです。

大乗派の創作

かくも難しいお経を書いたのは、いったい誰でしょう。

お経を書いたのは、インドの大乗派に属する仏教文学者と呼ばれる作家たちです。そのことはかなり後世まで、といっても紀元三世紀頃まででですが、インド以外には釈迦の執筆でないことが伝わらず、そこから後世の各国の仏教界にさまざまな誤解が起きています。

本格的なお経の誕生に先立ち、小乗派の人たちは、釈迦の言葉を書き留めたり、あるいは解説を述べたりした短いお経は持っていました。スッタニバータ、漢訳で「阿含《あごん》経《ぎょう》」と呼ばれるお経もその一つですが、内容はというと、

愚者は望むであろう、空しい名声を、
僧たちの間で尊敬を、僧房にあっては権力を、
他人の家ではもてなしを。

愛らしい色の花でも、香りのないことがあるように、
みごとに説かれた言葉でも、実行しない人には役に立たない。

といった人生教訓風で、涅槃への道を具体的には説いていません。なにしろ小乗教団は、釈迦の教えは尊いということで、文字にすることを拒んできた人たちの教団ですから、積極的に書くことはなかったのです。

大乗派はそういった伝統には一切とらわれない信者中心の集まりです。広報誌を作ろう、まあそういった気分だったと思いますが、文字で書きはじめたのです。彼らは阿含経や小乗派の小経からヒントをつかみ、「釈迦はこう考えたに違いない」「弟子たちとこんな問答をしたのではないか」など、たくましく想像力を広げ、釈迦の思想を裏打ちし

て、次々とお経を書き上げていきました。皆さんがご存知かと思われる「観音経」「阿弥陀経」「妙法蓮華経」など、いずれもこうして書かれたもので、中にはこんなお経までというようなおかしいものもあります。

仏が次々と誕生

大正時代に我が国でまとめられた『大正新脩大蔵経《だいぞうきょう》』というお経の総合目録には、現在までわかっているすべてのお経が収められていますが、その数三千五百二十七という膨大な数です。ただ作者が誰なのか、共同執筆なのかといったことはいっさい不明で、手掛かりさえありません。しかしそれぞれのお経とも、内容は堅苦しい教えだけ書いていたのでは飽きられると考えたようで、インドに伝わる民族伝説や民話をはさみ込んだり、実在した弟子たちを登場させ、臨場感をもたせるノンフィクション手法を用いるなどして、興味をひかれる読物に仕上げています。

これが大乗仏教の教本となって、アジアに広く配られたのですが、はじめは紙でなく植物の葉に書かれた形跡があります。「貝葉経」といって、固い植物の葉に鉄筆のようなもので経文を書いて墨を流しこみ、あとで表面を水で洗ったもので、我が国にも上野の国立博物館に現物があります。

こうしてできたお経から、経の内容を形で表した仏が次々と誕生しました。

華厳経の毘盧舎那仏、観音経の観世音菩薩、阿弥陀経の阿弥陀如来、弥勒菩薩所問本願経の弥勒菩薩などはいずれもそうです。またそれとは反対に、不動明王のように、はじめに仏が考案され、その後に仏を賛美するお経「不動経」が書かれたような例もあります。とにかく釈迦を中心にして、一神教に近かった仏教は、こうして無数の仏たちの世界へと変化していきました。

お経に少し遅れて製作の始まった仏像は、はじめは釈迦の姿だけでしたが、次第にお経の仏たちも加わりました。それがガンダーラ地方と中部のマトウ地方で同時に作りはじめられましたが、いずれも穏やかで人の心をやさしく包む理想の人物像で、仏とはこういう方なのかと、庶民を仏教に惹きつけるのにはかりしれない力を発揮したのです。

大乗仏教が東南アジアに広がった陰には、思想の基本と具体的な功徳を説いた膨大なお経に加え、仏像という二つの有力な手段があったことは見逃せません。

訳経事業は中国の国家プロジェクト

お経はアジア各国で聖典として扱われました。ただ、キリスト教の聖書やイスラム教のコーランなどと違い、多様なお経があったため、それぞれの国々で好まれたお経が違います。例えばチベットでは観音信仰が、我が国では阿弥陀信仰が中心になったことがいい例ですが、それはそれとして、大乗仏教そのものは広く普及しました。

日本を別とすれば、お経は各国でその国の言葉に訳されました。とくに訳経事業で最大の功績をあげたのは中国です。中国での訳経が行われなかったら、仏教が世界三大宗教の地位を占めていたかは疑問でしょう。

仏教が中国にやってきたのは、紀元一世紀のはじめです。なにしろ歴史と記録の得意な国だけに、西域からやってきた僧の名も迦葉摩騰《かしょうまとう》と竺法蘭《じくほうらん》とわかっています。お二人のうち迦葉さんは「四十二章経」を漢訳したことで、中国初の翻訳僧ということになっていますが、戦後の研究で、このお経はインドの原典とは無関係、つまり中国で創作された「偽経《ぎきょう》」だとわかりました。

仏教を迎えた当時の中国は、すでに整った政治体制と高い文化を持つ高度な文明国家でしたが、インド文明の結晶のような仏教を知って、中国人の好奇心は大いに動き、お経の中国語訳に手をつけはじめたのです。

仏教伝来当時の王朝は漢でした。その後ほぼ千年の間、いろいろな王朝が興ったり亡びたりを繰り返し、また王朝によっては仏教を大弾圧して、お寺もお坊さんもほとんど姿を消した時代もありましたが、訳経事業は、各王朝の国家プロジェクトとして進められました。

明治の時代、我が国でも聖書の翻訳に当たって適当な訳語が無く、大変苦心したようですが、言葉の壁には根底に文化の違いがありますから、通り一遍の苦労ではなかったでしょう。やがて「翻経院」という役所ができて、サンスクリット語に明るい僧が中心となり、その下で数十人の職員が校正清書など、それぞれの仕事を分担しましたから、能率もあがるようになりました。はじめはインドから来た原典を訳していたのですが、六世紀頃になると、積極的にインドに出かけて原典を持ち帰るほどになります。

法顕《ほっけん》をはじめ、孫悟空《そんごくう》などが活躍するおなじみの西遊記の主人公のモデルの玄奘三蔵《げんじょうさんぞう》など、いずれもそうした功労者で、苦しい長い旅を重ねながら、大量のお経を持ち帰ったのです。

漢文が読めたばっかりに

訳経には多くの僧がかかわりましたが、とくに鳩摩羅什《くまらじゅう》、玄奘三蔵、不空《ふくう》、真諦《しんだい》が四大訳経家と言われています。中でも四世紀、西域からやってきた鳩摩羅什は、乱立していた各王朝が兵を出して争ったほどの人材で、彼が訳したお経には「妙法蓮華経」「阿弥陀経」「維摩経《ゆいまきょう》」などがありますが、よくこなれた漢文で綴られた文章は読みやすく、それまでの訳文とは一味も二味も違ったハイレベルのものでした。

その鳩摩羅什と肩を並べるのが玄奘です。玄奘は彼自身がインドから持ち帰った「大般若経《だいはんにゃきょう》」六百巻やお経の研究書である「論《ろん》」などを二十年にわたって翻訳しました。その数は千三百巻、中国で訳されたお経の四分の一を占めています。

どこそのお寺で大般若経の転読をご覧になったことがありませんか。お坊さん方がお経の巻名だけを読み、そのあと南京玉スダレのようにパラパラと左右にひろげる儀式ですが、そこで使われる「大般若経」は、玄奘が翻訳した中でも最も大きな仕事です。

中国の僧たちは、こうして訳されたお経を徹底して調べ、系統的に整理して、現在我が国にも伝わる体系を組み上げていったのですが、その過程で仏教をインド風から中国人の気心に合うよう加工することも忘れませんでした。

ところで、仏教のお経は難しいとはじめに書きましたが、それは中国仏教界が作った漢文のお経をそっくりそのまま我が国に持ち込んだためです。他のアジアの国と違って、日本では自国の言葉に訳しませんでした。なぜなら、当時の上流階級の人たちは漢文を読めましたし、同時に文章語としての日本語がまだ完成していなかったからです。もちろん、手間隙とお金を惜しんだこともありましょう。いずれにしても、そのツケが今私たちに廻ってきているのです。

それはそれとして、中国のお経の翻訳は、世界の貴重な文化遺産となったという点で、感謝状が贈られていい大事業だったと思います。千年にわたってつぎ込まれた人と金は、想像を絶します。

しかし困ったことに、中国の訳経僧の方々はちょっとイタズラをやってくれました。

先に触れた「偽経」です。インドでお経を書いた作家が分からないのと同じように、時代も作者も不明ですが、とにかく彼らはインド産のお経とほとんど見分けのつかないものを作って、本物の中にこっそりと混ぜ込んでしまったのです。

構成も整い、文章も美しいものですから、なかなか見破れませんでした。経名でいうと「父母恩重経《ぶもおんじゅうきょう》」「盂蘭盆経《うらぼんきょう》」などが偽経です。このうち盂蘭盆経は、夏の長期休暇の元になっているお盆の始まり、宮中で奈良時代から始まった盂蘭盆法会の元になっているお経ですから、偽経だといって軽々しく扱ってはバチが当たりましょう。

第四章　あの世という世界

一　浄土教と西方浄土

阿弥陀信仰

前章で、お葬式で故人を見送りはじめるのは平安時代からだと書きましたが、それは上流階級のことで、庶民について言えば、鎌倉末期から室町時代にかけてでしょう。行基や空也などの活躍で作られた来世の救いとしての阿弥陀仏信仰の下地の上に、浄土教の宗派が育ちはじめたこととつかず離れずの関係です。

阿弥陀仏というのは、インドでは墓守りの仏さまだったと言われていますが、仏教がインドから中国に歩いていく途中、西域のどこかで書かれた「阿弥陀経」によって如来に昇格したのです。したがって厳密にいうと、真言宗の教主・大日如来と同じように、釈迦と直接の関係は薄いのです。

ただし、阿弥陀仏を成立させた阿弥陀経には、「千二百五十人の修行者を前にした釈迦が、阿弥陀仏は多くの仏を超えた法力を持ち、住まいである西方浄土は他に比べようもない美しい国であると紹介した」と、いかにも釈迦と関係があるかのように書いています。

ただ、最も大きな違いは、釈迦が自分で解脱しなさいと教えているのに対し、阿弥陀仏は、おそらく阿弥陀経と同時ぐらいに書かれたと思われる「無量寿経《むりょうじゅきょう》」の中で、そうはしなくてもいいといっていることです。

それはこういうことです。

阿弥陀仏は、如来となる以前の法蔵菩薩といっていた時に、人々を救う四十八の本願(誓い)を立てて修行しました。そして、そのすべてを達成して如来になることができた。従って、人々を救うことは私の務めなのだから、私にすべてをまかせなさい、というのです。

つまり、阿弥陀仏は救いの思想を真正面にかかげ、釈迦と同じように、自分で絶対的な真理者になっているのです。

阿弥陀仏の四十八の誓願のうち、とくに重要なのは十八番目の「あらゆる人が、私の浄土に来たいと思った時に、十回私の名を呼びなさい、その間に迎えにいきます」というところです。この項は、はじめはそれほど重く見られていませんでした。それは無量寿経の第九章の冒頭に、阿弥陀仏にたよるには、仏の姿と体から発する光明を頭の中に描きなさいと、いわゆる観想念仏を奨めているからで、これが長く信心の主流になって来ました。

ところが、六世紀に入って中国浄土教の祖といわれる曇鸞《どんらん》が、十八番目の十回声を出して呼びなさいという点に注目し、凡夫が救われるには「南無阿弥陀仏」と唱えることの方が重要だと言い出しました。南無の原語はナームで、「信頼します」という意味です。

曇鸞の教えはその後、道綽《どうしゃく》そして善導《ぜんどう》と引き継がれ、中国全土に広まっていきました。その中でとくに大きな影響力を発揮したのが善導の書いた『観無量寿経疏（観無量寿経祖）』でした。「疏」というのは註釈書という意味です。善導はその第九章の「散善義《さんぜんぎ》」の中で「寝ても起きても、どんな時でも一刻も忘れず念仏を唱える、これを正定の業《ごう》と名付く」と、念仏をいつも唱えることが阿弥陀信仰の最も正しい方法であることをとくに強調しました。

つい「ナムアミダブツ」と

日本でこの阿弥陀信仰の方法に注目したのが法然です。阿弥陀信仰は平安時代から天台宗の中に取り入れられ、比叡山の中で熱心に信心されていました。法然は十三歳から比叡山で修行して来た天台僧で、とくに阿弥陀信仰には強い関心があったようです。

しかし、それまでの天台宗の阿弥陀信仰は、定石どおり心に仏を描き、心で念仏を唱える観想念仏であり、また修法も厳しく、行基や空也たちの蒔いた阿弥陀信仰の種子とはまた異質のものでした。一方、私度僧たちの念仏のすすめも理論的な裏付けがないまま、一定の広がりに止まっていたことも事実のようです。

そうした折、法然の目にとまったのが「観経疏《かんきょうそ》」、つまり観無量寿経の註釈書における「十声のうちに往生せしめん」の一句でした。

阿弥陀仏が菩薩から如来になった以上、その約束は必ず守って下さるはずだ。とすれば、あとは念仏を唱え、救いを求めるだけでいいのではないか。「観経疏」によって念仏の理論の裏付けを得た法然は決然として山を下り、京都東山に居を構え、「阿弥陀仏には、人を救わなくてはならないという務めがある。それをお願いするには『ナムアミダブツ』と唱えるだけでいい。それはこういう理由からだ」と教えを説きはじめたのです。

誰にもわかりやすいこの浄土成仏の考えに民衆が飛びついたことは、想像に難くありません。他の宗派もこれには閉口しました。中国の禅宗はもともと禅浄併修といって、早くから阿弥陀信仰を採り入れていましたので、我が国の禅宗も割合抵抗なく念仏を唱えはじめました。ついには即身成仏の真言宗まで、高野山は阿弥陀仏の「密厳浄土《みつごんじょうど》」、要するに如来の住む浄土だなどと言い出し、阿弥陀信仰を教義の中に組み込んだほどでした。いま私たちが、お葬式の焼香の際に、浄土教の信徒でなくてもつい「ナムアミダブツ」と唱えてしまうのは、この時代から脳の神経中枢にそれが練りこまれたせいではないかと思ったりします。なお、浄土成仏と即身成仏については本章の後半でご説明します。

文部科学省の資料によると、現在全国には約七万八千のお寺がありますが、うち浄土教のお寺は三万寺、各宗派の断然トップで、今でも当時の盛況を偲ぶことができます。

とにもかくにも、阿弥陀仏に頼れば極楽に行けるという浄土成仏の思想を、日本人の頭の中にたたき込んだのは浄土教です。浄土宗門でそういっている訳ではありませんが、阿弥陀仏は真言宗の大日如来と肩を並べる浄土教の教主といってもいいと思います。

知名度抜群

教主最大のお手柄は、他宗に先立って「浄土」を強調したことでしょう。仏さまがお住まいになっている領国がいろいろあることは第一章で書きましたが、なんといっても真っ先に頭に浮かぶのは阿弥陀仏の住む西方浄土で、知名度抜群です。宗門の方にはヒイキの引き倒しで少々迷惑かと思いますが、そこへ行けば食うに困らず、美人に囲まれのんびり暮らせると思い込んでいる日本人がほとんどですから、人気の集まらないはずはありません。少なくとも江戸時代から現代に至るわれわれの浄土成仏の思想は、この仏によって形作られたといってもいい過ぎではないと思います。

鎌倉時代に入り、浄土宗門からは、法然に続いて救いを説きながら「空」の思想を組み込んで浄土教学を確立した弟子の親鸞、黒衣の時宗僧集団を引き連れて全国を歩き、念仏踊りの熱狂的な布教を行った一遍と、傑出した宗祖たちが続出したことはすでに述べた通りで、浄土教の広がりを考える上で見逃せないところです。

しかし、浄土が果たしてあるのかどうか。この問題は浄土宗も含め、日本仏教全体に常につきまとった問題で、江戸時代までまじめに議論されてきましたが、結論の出しようがないことは当然で、キリスト教の神と同じように「ある」と信じる他ないことは現在も同じです。突き詰めれば、宗教とはすべてそういうものでしょう。

そのことを考えながら、時折思うことは、阿弥陀信仰が比叡山の山中に留まって、下界に下りてこなかったら、我々の仏教観はどんな形で成り立っていたのかということです。

仏教の大本は「一切は空」ということです。すでにご説明したように空はゼロということですから、現代風にいえば、宇宙に足を一歩踏み入れた感じとでもなりましょうか。したがって、死ねば大宇宙の彼方の星になるのだという宮沢賢治の詩のような展開になって、無限の彼方に漂う可能性もあったわけです。ここはやはり西方浄土だと指定してくれた阿弥陀仏に感謝して、浄土教が作り上げた成仏の世界の存在を信じておくのが無難なのかもしれません。

明治の探検隊

ちょっと一休みしましょう。

阿弥陀仏がシルクロードのどのあたりで成立したのか。これは興味を惹かれるテーマです。浄土真宗の西本願寺では、明治の末から昭和にかけて西域の各地に何度か探検隊を出し、調査を行いました。

調査を指揮したのは、西本願寺二十二代門主の大谷光瑞《こうずい》（一八七六～一九四八）で、明治三十五年から数回にわたって、中央アジアの各地で資料を発掘しました。そしてついに明治四十一年十二月、トルファン（現在の新疆ウイグル自治区）郊外のムルトウクの仏洞で阿弥陀仏の土仏三体を発見、この地にはかなり早い時代から阿弥陀信仰のあったことを確かめる成果を収めました。

ただ、当時の考古学の知識や技術には限界もあって、時代考証などが行われないままで終わり、現在はその地点がどこにあるかさえ確かめられないことが惜しまれるのですが、阿弥陀仏が少なくともトルファン以南で成立したことは確かなようです。

探検隊は、この調査で七千点あまりの仏教資料を持ち帰って、現在龍谷大学に保管されていますが、中には「観経疏」の著者である善導の書いた阿弥陀経の断片などの貴重な品々も含まれています。

二　往生と成仏はどう違うのか

私たちは二段の手順で

ここまで何度も「成仏」という言葉をいささか無造作に使ってきました。日常的にもよく使っている言葉ですが、ここではもう少し踏み込んで考えてみましょう。

成仏とは、僧のための言葉であって、本来は仏になること、つまり菩薩が修行の末に悟りに至る境地を意味します。私たちが死ぬ場合は、「往生《おうじょう》」というのが正しいのです。

私たちは命を終えると、まず浄土に送り込まれ（往生）、修行をつんで次なる成仏を目指すという二段の手順を経なければならず、一足飛びに成仏というわけにはいかないのです。

しかし、現にお寺さまは「成仏されました」とそのあたりを抜きにしていいます。私たちも気楽に「成仏した」などといっていますから、敢えて異を唱えるのも大人げないと思い、私も成仏といってきたのですが、本来の成仏はなかなかに難しい内容なのだとご承知おき下さい。

浄土宗の開祖・法然も著書の中で「往生ノ行トシテ念仏ハ……」と書いていますから、鎌倉時代には紛れもなく往生といっていたことは確かです。いったいいつ頃から中間が省略されたのでしょう。

今日では、往生という言葉もお寺さまから抜け出し、「往生際が悪い」「シチ面倒な話で往生したよ」などといった日常語になってしまいました。

後世安楽

往生、成仏、まあどちらでもいいのですが、仏をめざすことは当然として、単にあの世というところへ送り込まれあとは各自自由勝手なのか、お釈迦さまの弟子となるのか、阿弥陀如来の浄土で修行に励むのか、考えれば考えるほど難しい問題です。

　時代を遡っていくと、日本人が成仏を考えはじめたのは、一般的には平安時代とされていますが、六世紀の仏教伝来以来、仏教を勉強しに中国に出掛けていった出家者たちは、中国仏教に触れ、どうも自分たちが信じてきた祖霊信仰のヒトダマ世界の他に、死者が赴く世界があるようだということには、早くから気付いて帰国していました。

　ただ、すでに述べたように、当時の仏教はあくまで国家を護る宗教で、個人との関わりは薄かったこともあり、大乗仏教が人の死後の世界を考えることから成立したことを知るまでには、しばらく時間がかかりました。

　しかし、南都六宗と呼ばれた学問仏教が輸入される奈良時代になると、その学問を通じて、仏教界や朝廷貴族などの間に、仏教は人の死と関わる宗教だという新しい知識が広まっていたように思われます。貴族たちが東大寺の受戒式に、僧に混じって参加し、戒を受け、戒名を授かって仏弟子となることが流行したのは、明らかにその影響です。

　仏弟子となった彼らが願ったのは「後生《ごせ》安楽《あんらく》」でした。後生とは、現在の次の世界という意味ですから、この時からあの世思想が芽生え始めていたと言えないこともないのですが、彼らが願っていた後生安楽とは、死後も現在のような豊かで、楽しい暮らしが続くようにという程度のことで、そう切迫した気持ちではなかったようです。

これに引き換え、納税者である百姓庶民は惨めでした。奈良の大仏は、当時の四十五代聖武天皇によって建立されたのですが、この工事に動員された人夫は、延べ二百六十万人余、有給の人夫もいましたが、大部分は諸国から税に当たる夫役《ぶやく》で動員された人たちで、食料まで各自が負担させられました。政府や地方豪族の過酷な収奪に、庶民百姓は文字どおり食うや食わずの生活を強いられていたのです。

こんな苦しい暮らしから、なんとか抜け出す道はないものだろうか。絶望に打ちひしがれていた人々に、死後の世界での仏の救いを教え始めた人々がいました。

先にも書きましたが、官の許可なく出家した僧尼である私度僧です。壮大な堂塔、金色に輝く本尊、金襴の衣をまとい読経に明け暮れている僧とはまったく別な、庶民が飢えれば共に飢え、災害に打ちひしがれれば共に悲しむ人々でした。彼らが信心を勧めたのは、公認の仏教ではなく、「阿弥陀如来」という無名の仏で、こうしてのちの阿弥陀信仰が広がっていく下地ができていったと思われます。

空海の「即身成仏」

阿弥陀信仰を一口にいえば、浄土成仏です。「阿弥陀如来に頼れば、死後必ず救いの手を差し伸べ、極楽浄土に連れていって成仏させて下さる」ことに尽きます。そのことが書いてあるのは阿弥陀仏と極楽浄土を説く「無量寿経」で、阿弥陀如来が別名「無量光如来」と呼ばれるのはそのことによってです。

加えて、信心の方法も難しくない。厳しい行を積む必要もなければ、お経を読む必要もありません。ひたすら「ナムアミダブツ」と唱えればいいのです。後々にはそれさえしなくてもいい、ただ阿弥陀仏を思い浮かべれば良いというところまで要約されました。日々の生活に追われ、信心の時間さえもない大衆にとって、これほどわかりやすく、ありがたい教えはなかったでしょう。

既成教団は、この波に一歩乗り遅れました。

実状を言えば、天台宗では開宗の初めから阿弥陀信仰があり、第三代延暦寺座主の円《えん》仁《にん》（七九四〜八六四）は、念仏の専修道場として、比叡山に「常行三昧堂《じょうこうざんまいどう》」を建てています。ただ、信心の方法としては観想念仏、つまり心に阿弥陀如来の姿を描き、心の中で念仏を唱えよと教えていました。念仏を口で唱えることは、むしろ祈りの心を乱したのです。

その方法論の違いが明暗を分けました。「ナムアミダブツ」と口にすることは誰でもいつでもできるたやすい行で、身分も財力も関係しないところに魅力があります。ただし、天台宗の有力な支持層だった貴族階級の人たちは、比叡山の念仏を受け入れました。彼らには、心で念仏を唱える場所として壮麗な寺や阿弥陀堂を建て、見事な仏像を安置し、具体的に阿弥陀仏をイメージしながら朝な夕なに阿弥陀仏の救いを願う方が、より功徳が得られると思えたのでしょう。

平安仏教界には、阿弥陀如来信仰の浄土成仏の他に、もう一つの成仏がもたらされました。空海が中国から持ち帰った「即身成仏《そくしんじょうぶつ》」の考えです。浄土成仏があの世へ行く成仏であるのに対して、即身成仏とはこの世に暮らす煩悩多い私たちが生きたこの身のまま成仏するという、それまでの仏教常識では考えられないシステムでした。

釈迦仏教は、もともと人が輪廻という生き死にの繰り返しの世界から抜け出す解脱が目標で、決して死者のためのものではなかったことは、繰り返し書いてきたとおりです。死者のための成仏でないという点で、即身成仏は、釈迦の系列ともいえますが、内容がまったく違います。

釈迦仏教は、煩悩を次第に減らしていくことで、悟りの世界へ踏み込んで行くのですが、即身成仏では煩悩はそのままでいいというのです。ナマケ者の私たちにはいたって親切で、しかも釈迦仏教が求めている生活基準の八正道のような自己規制も求めていません。

密教とは

話が即身成仏ということになると、密教について、かいつまんでお話ししておく必要があるかもしれません。

密教といえば、日本では真言宗ということになりますが、そもそもの歴史はインドにさかのぼります。インドにおける仏教の末期に、バラモン教から変質したヒンズー教の進出に対抗するため、仏教と南インドのドラビダ族の呪術が合体して成立した宗派が密教です。基本とするのは「大日経」と「金剛頂経《こんごうちょうきょう》」という二つのお経ですが、本尊には釈迦でなく、大宇宙を表すという大日《だいにち》如来を教主として据えました。呪術性の強い教義上、実在の人物である釈迦を本尊とするには、違和感があったためでしょう。

密教という呼び名は、教義そのものの秘密性が濃い上に、教えを説くに当たっては、例えば護摩《ごま》を焚くなどの特殊な行法を用い、直接言葉では表現できないために生まれたものです。これに対し他の宗派は、まとめて顕教《けんぎょう》と呼ばれるようになりました。

即身成仏の法とは、大きく言えば、宇宙と小宇宙である私たちが一体となること、具体的には大日如来の持つ三密（身、口、意。身は体、口は言語活動、意は心の動き）と私たちのそれに見合った三業《さんごう》（身、口、意）が完全に一致した時に、「梵我一体《ぼんがいったい》」の境地が生じ、生きたまま仏となれるというのです。「梵」とは宇宙のことです。

成仏と太鼓判を捺《お》された人が、成仏後に酒を飲んだり、女性と不適切な関係を持ったりするということも、長い人生のことですから無いとも言えないところが、即身成仏の難点ではなかったかと思われますが、死後は浄土の四番目にあるという兜率天《とそつてん》に往生することが約束されていました。そこは五十六億七千万年先のこの世に現れ、私たちを救って下さるという弥勒《みろく》菩薩が住んでいるという浄土ですから、平安朝の貴族たちも安心して即身成仏の行をうけたのだと思います。とにかく貴族たちの間で大流行したことが資料に見えています。

禅も成仏の儀式はないものの、自己解脱を目指して坐り抜くという点では、一種の即身成仏の行と言えるかもしれません。臨済宗の抜隊得勝《ばっすいとくしょう》（一三二七〜一三八七）は著書『仮名法語』の中で、「自心本《もと》ヨリ仏ナリ、是ヲ悟ルヲ成仏トイフ」と書き、成仏の要は、自分の心の中にある仏性に目覚めた時を成仏したというのだと言っているのは、そのことを示されているのだと思います。

しかしその禅宗も、十四世紀後半からは、徹底して坐って成仏を目指すことが次第に軽んじられ、他宗派同様に葬祭に力を入れはじめたため、自己鍛練の禅風による成仏が次第に失われたことは惜しむべきことでした。

大ベストセラー『往生要集』

話を阿弥陀信仰に戻しましょう。

信仰の方法は違っても、念仏一筋で成仏できる阿弥陀如来の登場は、階級を問わず、仏を身近なものにしました。その大ブームの呼び水となったのが、天台僧・源信（九四二～一〇一七）の書いた『往生要集《おうじょうようしゅう》』です。浄土教がアレヨアレヨという間に広まったのは、この本あってのことです。

全文は三巻十章の大作で、かいつまんで言えば、

「この世はいかに汚れた世界であるか。阿弥陀仏の住む西方浄土こそ素晴らしいあの世である。信心して浄土へ行きましょう」

ということで、あの世のこと、信心の方法などを具体的に示したガイドブックです。難しい宗教書が一躍大ベストセラーになったのは、源信が地獄極楽の様子を、まるで見て来たかのように詳しく書いたためです。

とくに地獄については、これでもかというほどに描かれています。地下深くにあり、広さはこの世の四百倍。八つの地獄があるというのです。体を粉々に打ち砕く「等活地獄」、体をサイコロのように切り裂く「黒縄《こくじょう》地獄」、体を業火で炙り焼きにする「焦熱地獄」、針の山を歩かされる「衆合地獄」、さらには「叫喚地獄」「大叫喚地獄」「大焦熱地

獄」「阿鼻《あび》地獄」。どの地獄でも罪人は無限の拷問を受け、苦しみにのたうつ……。その凄まじさに読んだ人は震え上がりました。

『往生要集』は間もなくビジュアル化され、いまお寺さまなどでよく見かける「地獄絵図」が作られましたから、文字を読めない庶民にもよくわかり、大きなショックを与えました。「阿弥陀仏さまに頼って地獄行きからなんとか助けていただくほかはない」と、世を挙げての念仏大流行となったのです。

地獄についてだけ書いたのでは不公平なので、もう一つの世界「極楽」についてもちょっと触れておきましょう。

阿弥陀経のスケッチによると、まず地面には宝石が敷きつめられています。中心には大きな池があり、その水は清らかな芳香を放つ浄水で、池の中には五色の光を放つ蓮の花が咲いています。周りには多くの木が繁っていますが、枝には宝石がちりばめられ、クリスマスツリーのようです。さらに素晴らしいのは、五百億戸（億ですよ）の豪華な宮殿です。宮殿は宝石で飾られ、その中では多くの天人が、妙なる音楽を演奏しながら舞っているという……。ディズニーランドなど足元にも及ばない別天地です。以上は阿弥陀如来の住む西方浄土の光景なのですが、このような浄土が、仏の世界には無数にあることは先に書いたとおりです。

お経を書いたインド文学者が、当時王国が並び立ち、互いに争っていたインド国内の状況から発想したらしいのですが、とにかく仏さまは無数にいらっしゃるのですから、仏国土も限りなくある訳で、阿弥陀さまのように、ご臨終にすぐさまお迎えに来て下さるかどうかは別として、あの世は広大無辺なのです。

源信の逸話

ここで余談をひとつ。

平安時代の中頃、あの世、つまり阿弥陀如来の世界は果たしてあるのか、阿弥陀如来は臨終に迎えに来て下さるのか、という奇抜な人体実験をしたお坊さんたちがいます。『往生要集』の著者・源信を中心とする二十五人の坊さんが参加したので、名付けて「二十五三昧会《にじゅうござんまいえ》」と申します。

彼らは毎月十五日の夜は徹夜で念仏を行い、阿弥陀如来信仰を深めていったのですが、仲間が病気になって、手当の甲斐もなく死期を迎えると、往生院というところに移し、二人が付ききりで二十四時間見守りました。

そして時折、病人の耳許に口をよせて、

「今何が見える、阿弥陀さまが迎えに来てくれているか」

と聞き続けたのです。

答えは、「何も見えない」人、「阿弥陀さまが近づいて来た」という人、まったくマチマチだったようですが、正直いって、臨終に当たってのこの手の質問は、その人の信心の度合いを試しているようで、果たして本当のことが言えたかどうか、少々疑問も感じますが、とにかく源信さんもやるものです。

三　お経に霊力はあるのか

お葬式用にあらず

現代の葬儀を拝見していると、どうも仏の世界の入口までの案内でおしまいという気がするのですが、それはともかく、お葬式で大きな役割を果たすのが読経でしょう。創価学会のように、法華経の一部と題目の合唱で死者を送る儀式もありますが、一般にお寺さまにお願いしての葬儀での読経は欠かすことができません。

宗派によってお経も違い、また同じお経でも読み方が異なりますが、いずれにしても荘重な読経によって葬儀は引き締まります。

では、お経を読まないと成仏できないのか、お経はもともとインドの文学者が書いた作品だとお前は書いていたのではないか、と言われそうなので、まずはじめにお断りしておきたいことがあります。

お経はお葬式用に書かれたものではないということです。中国においては、執筆事情も長い間よく分からず、経は釈迦が教えを直接説いた言葉を記録したものだと信じられ、尊ばれ、言葉一語一語に呪力があるとされてきました。このあたりの事情は、我が国もまったく同じだったのです。

お経には、次のような功徳《くどく》を生じる呪力があると、仏書には書いてあります。鎮護国家、五穀豊穰、請雨、病気平癒《へいゆ》、怨霊追放、鎮魂供養、旅行平安の七項で、葬儀での読経はさしずめ鎮魂供養に当たりますが、釈迦仏教にはあの世はありませんから、お経の効用の中に成仏は明記されていないのです。

中国ではお経の扱いを次の三つに分けていました。一つは読経、次は看経《かんきん》（展経ともいいます）、そして写経。いずれにも大きな功徳があるとしていましたが、最も重要なのが読経でした。ここまで書いてきたように、経の文字には霊力がこもっており、それを音に再生することで、無限のパワーが生まれると信じられていたためで、弘法大師（空海）は『声字実相義』という書物の中で、「音を宗《むね》とせば仏果に至す」、つまり一心に読経をすれば成仏すること間違いなしとまで言い切っています。

我が国にも奈良時代から、言葉には霊力があるという言霊《ことだま》思想がありました。

……そらみつ　倭《やまと》の国は　皇神《すめがみ》の　厳《いつく》しき国　言霊《ことだま》の　幸《さき》はふ国と　語り継《つ》ぎ　言ひ継がひけり……

この山上憶良《やまのうえのおくら》の長歌（『万葉集』巻第五）には、何か共通したものを感じますね。

「ナムオミトーフー」

六世紀に百済から仏像と一緒に経三巻も届いたことは先に書きましたが、経の読み方の指導はなかったのでしょう、すぐさま女性として最初の出家者となる善信尼（五七四～?）が学習のため百済に渡航しています。

読経法に関して、すでに当時の中国では、十二律あるいは四音法（内容は私もよく分からないのですが）といったものが確立していて、これを学ぶことが、僧尼にとって極めて大切な修行の一つとされていました。これは経が釈迦の言葉である以上、なるべく釈迦の発声のように読むのが「正音」であると、いかにも中国らしく形式化されていたためです。しかし、釈迦はネパールの生まれ、日常は古代マガタ語をお使いになっていたようですから、中国語での正音の発声とは、どんなものだったのでしょうか。お師匠さんに叱られながら、正音とやらの発声に苦労していた中国のお坊さんの姿を思い浮かべると、なんとなく微苦笑が涌いてきてしまいます。

こうした中国仏教の読経法は『金光明最勝音義』あるいは『孔雀経音義』などの文書

になって我が国に残っています。そして後世の音楽的にお経を読む声明《しょうみょう》の発生につながり、今も奈良薬師寺の「花の法会《ほうえ》」などでは、美しい声明を拝聴することができます。

中国の読経法が伝わるにつれ、我が国仏教界も奈良時代から、読経に真剣に取り組んだようです。正倉院には当時の出家希望者の願書が保存されていますが、この書面にはどんな経を読めるかが詳しく書かれていますから、僧を望む人はまず読経から修行に入ったのでしょう。今、私たちはお経を呉音で読んでいますが、当時は、例えば南無阿弥陀仏を「ナムオミトーフー」という具合に、漢音で読むことが正統だったようで、朝廷でも再三漢音で読経するよう命じています。したがってお経を、呉、漢音の二つの言葉で読み通さなくてはならなかった苦労は大変なものだったことが、正倉院の文書から思いやられます。

また読経には量をこなすことも求められました。例えば法華経を何万回読んだというその量です。多ければ多いほど功徳があるということで、読経専門の読経僧（「能経」ともいいます）という職業僧も生まれました。この僧たちは病気回復あるいは旅の道中安全など、依頼を受けた祈願の願いの筋によって、万千の読経を行ったのですが、中には妙音尊者と呼ばれた名人もいたほど流行しました。
以上いろいろと書いてきましたが、お経が釈迦の説法そのものではないにしても、釈迦と私たちをつなぐ唯一の回路であることは間違いありません。釈迦以来のおよその思想体系を今日に伝える資料という意味で、教典をおろそかにすることはできないのです。

現代日本仏教は、大きく十三宗派と言われています（第三章参照）。いずれの宗派も、例えば天台宗は法華経、浄土教四宗は浄土三部経（阿弥陀経、無量寿経、観無量寿経）と、開祖たちが、この経こそ真に仏の心を伝えるものとして、多数の経典の中から一念をかけて撰び出し、それをどっしりと大本に据え、その上に信仰論を展開しています。中には日蓮宗のように法華経が唯一釈迦の正法を伝えるものだとして、経そのものを本尊とした経典宗派もあって、仏典に寄せる熱い思いがフツフツと感じられます。

それらのことを思うと、経典の功徳について、改めて信頼性を問うことは愚かしいことでしょう。繰り返して書きますが、神仏に向き合う姿勢は「信じる」ことです。たとえわずかであっても、仏の気配を感じさせる仏典に対し、私たちのとる態度はやはり「信」しかないのではありませんか。

金口の説法

ここでまた少し雑談です。

お経が仏教文学者の創作だということは繰り返し書きましたが、彼らはそのお経にちょっとしたイタズラを仕組みました。

お経の書き出しに、必ず「仏説」（釈迦はこのように語った）、あるいは「如是我聞《にょぜがもん》」（私は釈迦のお話をこう聞いた）という言葉のどちらかを置いたのです。二つともこの経が釈迦の教えを正しく伝えているのだという意味ですが、砕いて言えば手紙のはじめを「拝啓」と書き出す慣用語みたいなものです。

ところが紀元もまだ一ケタの頃、情報が自由に手に入る時代ではないこともあり、仏教が伝わった中国では文句をそのままに受け取り、お経はすべて釈迦の語られたものと思い込んでしまったのでした。その後の日本も同様です。釈迦のお話を「金口《こんく》の説法」（金口とは釈迦のお口）と言うのですが、疑いもなくそう信じ、まさか後世の仏教文学者の創作とは、ツユほども疑いませんでした。

彼らも悪気があってのことではなかったのでしょうが、中国、日本の各宗派が開宗に当たって拠り所にしたのは、こうして書かれた経典で、「どの経が釈迦の教えを最も正しく伝えているか」という一点に絞って選びだし（仏教では「撰釈《せんじゃく》」と言っています）宗派の核にしたのですから、突き詰めていくと、深刻な問題を孕んでくるわけです。

しかし、これ以上問題を突き詰めるのは身も蓋もないというものでしょう。お話はここまでとしておくことにします。

第五章　葬式仏教に徹すべし

一　江戸幕府の寺請制度

幕府と教団の押しつけ

戒名と成仏はどうやらほとんど関係がなさそうなことは、ここまでお読みになって薄々感じられたかと思います。

しかし私の書いてきたのは、あくまで仏教史からの考察で、深く真理を追っていけば、あの世はやはりあり、戒名はそれ相応の役目を果たしているのかもしれません。

ただ、繰り返しになりますが、次のことだけは申し上げておきます。現在、私たちに授けられる戒名は死後戒名で、生前に授けられて仏弟子となる戒名ではありません。簡単にいえば、徳川幕府が切支丹対策として打ち出した寺請制度の中で作られた官制戒名、しかも幕府の権威を背にした各仏教教団の押しつけ戒名の流れだということです。

僧の死者に戒名を与えて葬る「没後作僧」のことは最初に書きました。その後武家の間に禅が流行するにつれ、武士たちにもこの風習が採り入れられ、一三五八（延文三）

年に亡くなった足利尊氏には、

「等持院殿仁山妙義大居士」

という戒名が臨済宗の名僧・春屋妙葩《しゅんおくみょうは》（一三一一～一三八八）から授けられています。これは死後に贈られたことが史料ではっきりしており、しかも武家としてははじめての院殿号戒名として有名です。

この史実から、鎌倉時代において、死後に戒名を授けることは公家や武士たちに限られてはいたと思いますが、同時に教団の発展につくした人にも贈られることがあったようです。

それが三百年以上も経ってイキを吹き返し、今度は公家や武家だけでなく庶民まで、一人残らず戒名をつけることを義務づけたのは徳川幕府です。

本山末寺の制

徳川幕府ほど切支丹対策に力を入れた武家政権はありません。キリスト教の猛烈な進出が、かつての浄土真宗教団の勢いを思わせ、浄土教団が各地で起こした一向一揆に初代将軍の家康までが追い回された苦い経験から、幕府を創立すると同時に秀吉政権のとってきたゆるやかな統制を一挙に強化しました。

幕府のとった政策は周到なものでした。まず仏教各宗派を取り込むべく、天台宗の天《てん》海《かい》（一五三六～一六四三）と臨済宗の金地院（以心）崇伝《すうでん》（一五六九～一六三三）という二人の僧を顧問に据え、内部事情に詳しい二人の意見で、各宗派に「法度《はっと》」という定め書きを与えて、本山を頂点にして、中本山、直末寺、末寺といったピラミット型の組織をつくらせたのです。「本山末寺の制」というのですが、本山の責任者である大僧正の任命権は、幕府が握りました。

つまり、本山に幕府のイキのかかった人物を据えることで、末端まで幕府の意志を伝えるラインを確立したのです。

そのかわり本山には末寺までの住職の任命と財産管理の権利を認めましたから、教団にとってもうま味があり、幕府と教団との関係は、双方が納得する形で出発しました。

その上で各宗派の本山末寺制度を活用して、切支丹信者を探し出して転宗をすすめ、転宗しない信者は津軽地方に追放するなど、厳しい処分を行って一応の成果をあげていました。

しかしこれで一安心と一息ついていた幕府に大衝撃が走ります。一六三七（寛永十四）年、九州島原半島でキリスト教徒三万人による大反乱が起こったのです。根深い原因は島原藩の圧政にあったのですが、幕府が神経をすり減らして取り締まってきた切支丹が、予想を越えた一揆として蜂起するとは思ってもみない大事件でした。幕府の対応がもたついたこともあり、キリスト教徒側は、はじめは幕府軍を圧倒し、総指揮官の板倉重昌が戦死するほどの勢いでしたが、最後は十二万人の幕府軍に囲まれ、全員が殺されて終わりました。

今日の基本がスタート

三代目の将軍である家光の時代になって起きた切支丹信仰の根強さに幕府は真っ青になり、その結果考え出されたのが、日本人一人一人を強制的に仏教徒として管理する「寺請」制度です。すべての日本人は、神主まで含めて必ずどこかの寺に登録して、菩提寺（葬式寺）とすることにしたのです。

寺請とは、登録した人に限って、寺がこの人は切支丹ではないと身許証明を請け合うという意味です。

この証明書を「寺請証文」といって、旅行に使う関所手形の発行の際や結婚して嫁入りする際など、いろいろな場面でこの証文を絶対必要としましたから、お寺の権力は飛躍的に増しました。

寺はこの管理のため「宗門人別帖」を作るよう命じられました。檀家の戸主と家族について、生まれから死亡までを書き込んだもので、今でいう戸籍です。この制度で、庶民はお寺さまに完全に首根っこを押さえられ、一度ある宗派に属したら孫子の代まで宗旨替えなどできなくなったのです。

葬儀を菩提寺で行うこと、死者が切支丹でないことを証明するには仏弟子としなければならない、それには死後授戒を行う必要がある。さらには人別帖の別巻ともいうべき寺の私文書「過去帳」には、戒名を書き入れなければならない。こんな具合に、死後授戒と戒名の制度を一挙に庶民の世界にまで押し広げました。

現在につながる戒名制度は、この時点でスタートしました。仏教教団は、そのことがいかにも幕府の方針であるかのように「神君様御掟目十六箇条《しんくんさまごじょうもく》」という文書を一六一三（慶長十八）年付で作って、庶民を説得するタネにしていました。しかしこの文書は、幕府の関与しない偽文書であることが後世になって指摘されています。

それはそれとして、お寺では寺子屋の習字の手本に使ったと言われていますから、「御掟目」は時代とともに庶民の間にじわりと滲み込んでいったことでしょう。そして死ねば戒名をうけることに抵抗がなくなったことも、なんとなく想像されます。

幕府の強制とお寺側のこうした教化で、今日の戒名の基本がスタートしたのですが、当時も戒名のお布施をめぐって寺と折り合いがつかず、葬儀が四日も五日も出せなかったとか、小僧を仏前に居坐らせて戒名料を取り立てたといったことが古い史料に見えていますから、お寺の横暴さはかなりひどかったようです。

現代の戒名はこの官制戒名をそのまま引き継いだものです。信仰とは関係ありません。もっぱら幕府の治安対策によって作られた産物なのです。

現代の戒名と成仏との関係については、こうした知識を持って改めて考えてみていただければと思います。

二　戒名はこうして作る

院号、道号、そして

戒名そのものはどういう構造になっているのか。ここではその点について簡単にご説明しておきましょう。

まず、戒名は長いほど有り難いのか、つまりあの世でグリーン席が用意されているのかということです。お聞きするところ、さる新興教団の開祖には三十何文字かの戒名が授けられたそうですが、こういった話が伝え広がると、一層この疑問は深まるでしょうね。私もよく友人に訊ねられるのですが、いつぞやこの話を親しい曹洞宗の老僧に何気なくお話ししたら、ピシャリと一言、

「あの世は民主主義だぞい」

現在、私たちが目にするのは短くて六文字、長い方は九文字程度で、全体を戒名と呼んでいますが、正しく言えば、戒名はそのうちの二字だけで、あとは付け足しといって

は語弊がありますが、飾りのようなものです。その戒名と飾りの「院号」「院殿号」「道号」などについて具体的に説明しましょう。

歌謡界の女王だった美空ひばりさんの戒名を利用させていただきます。

「慈唱院美空日和清大姉《じしょういんびくうにちわせいたいし》」

全体で十文字、やさしい心で晴れ上がった青空の彼方に、歌声をひびかせた人といった意味でしょう。名歌手の戒名としては大変つつましやかな、良い戒名だとかねてから感心しています。

まず上の三文字の「慈唱院」が院号で、「殿」が付けば院殿号となります。いってみれば、敬称です。

院号の始まりは、生前お寺を建てて寄進した人に寺の名をそのまま贈ったもので、例えば、織田信長は大徳寺院内に建てた総見院（実際は豊臣秀吉の寄進）にちなみ、戒名も「総見院殿」です。

院号と院殿号は違います。鎌倉時代では、院号は上皇や皇族や貴族などの朝廷関係者用で、武家は院殿号でした。つまり院号が上位で院殿号はその下だったのですが、室町時代頃から逆転して、院殿号の方が上位になりました。恐らく武家が実権を握った時代がそうさせたのでしょう。

戒名がお布施でなんとかなる昨今でも、院殿号だけは一般人には難しいようです。社会や宗派に大きく貢献した方、あるいはさまざまな分野の超一流人であることがまず前提条件で、お布施の金額は二の次です。

次の二字「美空」は道号と言います。『塩尻』という江戸時代の書物に「中世までは貴人といえども、戒名の他別に道号を書くことなし」とありますから、戒名にもったいをつけるため、江戸時代前後から始まった習慣でしょう。もともとは禅宗で道号と戒名を合わせた四字の僧名が与えられたことから考え出されたようで、そのうちの上の二字名を使います。

武家には俗に言う「あざな」（元服後に名乗る別名、例えば新撰組のトップスター沖田総司のあざなは房良です）がありました。したがってそれを道号としたようです。百姓町人はあざななど持ち合わせていませんから、それぞれの宗派で用いている主な経典の中から、適当な二字を選び出しました。現在も大体そのようですが、ひばりさんは「美空ひばり」の芸名で舞台に出ていましたから、そのまま当てたのだと思います。

道号に続く二字「日和」が肝心の戒名です。この中には生前の名前のうちの一字を採ることが多く、「和」は恐らく本名の「加藤和枝」の「和」でしょう。ここで日の字が加わって「日和」となっていますが、これは宗派によって字は違いますが、とくに信仰の篤かった人に与えられる名誉な文字があり、ひばりさんの場合は恐らく日蓮宗で（とすれば「法号」となりますが）、「日」の字が授けられたのだと思います。

浄土宗での「誉」（西山浄土宗では「空」）、時宗での「阿」（女性は「弌」）も同様です。

最後が位階（位号）で、最も問題になるホトケの位の序列です。ひばりさんの場合は「清大姉」で、女性としての最上位ですが、院号がついた場合男性の居士、女性の大姉は当然の組み合わせになります。ただ居士の上に「大」あるいは「清」をつけるかは遺族の気持ち次第で、これをつければ最高の戒名となります。

一覧表を作ってみましょう。

【男性】　　【女性】

大（清）居士　　清大姉
居士　　大姉
大（清）信士　　清信女
信士　　信女

加えて禅宗には禅定門（禅定尼）があります。最近はあまり使われないようですが、位置からいえば居士と信士の中間くらいです。

この基準をとらないのは浄土真宗です。院号はありますが、その他の名称は一切用いず、男性には「釈」、女性には「釈尼」を冠せた法名で、大変に簡略です。

お布施の舞台裏

ここまで書いてその料金、つまりお布施がどのくらいなものなのか、書かないわけにもいかないでしょう。ある宗派では標準表を参考までにと末寺に配っておられるところもありますが、戒名の格を決めるのは本山ではなく、あくまで菩提寺のご住職です。

日頃のお寺さまへの協力、ご懇意の度合いがモノをいうことは否めません。都会の場合は日頃のそうしたお付き合いがまったくないのが普通ですから、お布施の額にその分が加わって、胸算用よりは多めということになるのでしょう。したがって、あらかじめ自分なりに、どの位階にするか、あるいはお布施の金額をここまでと、ご自分で決められ、ご家族とも相談されておかれることをお奨めする他ありません。

最近インターネット上で「戒名をつけてあげます」「戒名料込みコレコレの料金で葬儀をしてあげます」というホームページを見かけますが、戒名持ち込みの葬儀は、たとえ会場が葬儀場であっても、お寺さまに快くお出でいただけるかどうか、多少不安です。

現に私の田舎でさえ、こんな事件が起きています。友人の菩提寺は住職が亡くなって無住になり、他寺の住職が兼務されていました。

そこまでは別段の問題はなかったのですが、長らく患っていた友人の父親が亡くなり、葬儀ということになりました。父親は信仰心の篤い方で、生前に戒をうけ立派な戒名をいただいていたので、友人は戒名には何の心配もしていなかったのですが、そのことを兼務のお寺さまにお話ししたところ、なんと「それはそれ、今回は私が戒名を授ける」

という申し渡しがあり、村落を挙げての大騒動になったというのです。結局、世話人が中に入って、金一封の志で落ち着かせ、生前にいただいた戒名で無事葬儀を済ませたのですが、さように戒名は世間の常識が通らない問題を孕んでいます。

もっとも、秀吉の弟の豊臣秀長などは臨済宗と真言宗から二つの戒名を授けられていますから、戒名がいくつあっても悪いことはないのでしょう。とにかく檀家数の少ないお寺さまにとって、戒名のお布施は大切な財源です。そのことを考えると、一概にお寺さまばかりを批判することはできませんが、さすがの私もこの話を聞いてうなってしまいました。

最後に戒名の作り方です。こういう舞台裏を披露していいのか、少し悩みながらですが、故人の経歴などをパソコンに入力すると、一応の候補名が出てくるソフトがあります。ご利用のお寺さまも多いようですが、庫裡にお邪魔して「法名戒名大辞典」などが書棚にならんでいるのを見ると、なんとなくホッとするのは、旧型日本人のノスタルジアなのでありましょう。

徳川家康と紀伊国屋文左衛門

ここでまた、いつもの雑談を少々。

将軍・徳川家康と豪商・紀伊国屋文左衛門はどんな戒名だったでしょうか。

現代の戒名は「居士・大姉」「信士・信女」と至って簡明ですが、江戸時代はかなり複雑でした。ざっと挙げても「善男・善女」「禅士・禅女」「法子・法女」、以下は男性用の「善士」「正覚位（正定聚）」「言士」「隠士」「位士」「医士」「学士」「教士」などがあって、生前の職業がなんとなくわかります。

武家の場合は厳しい決まりがあり、院殿号は将軍家と大名の藩主だけに与えられるものでした。家臣の重役となると、院号は許されたものの、戒名の下は居士までです。ヒラ家臣の場合は信士という定めがあったことは、忠臣蔵の赤穂浪士の墓のある泉岳寺においでになれば、よくおわかりいただけると思います。大石内蔵助を除く四十六人はいずれも信士号なのです。

町人百姓は信士・信女号と決まっていました（あるいは前記のようなさまざまな称号だったかもしれません）が、文化文政の頃になると、商人がメキメキと力をつけるにつれ

「町人で院号をつけて悪い理屈はあるまい」と、金にまかせて院号をつける豪商が続出しました。

これには幕府も手を焼いたとみえ、一八三一（天保二）年「町人百姓で院号をつける

ことはまかりならない」と禁令を出して差し止めるとともに、ついでに墓石も四尺（約

一・二メートル）以上にしてはならぬと取締りに乗り出しています。

ちなみに、いろいろの禁令を出した江戸幕府の開祖、徳川家康の戒名は、十九文字と

いう大仰なものです。

「東照大権現安国院殿徳蓮社崇誉道和大居士」

私が感心しているのは紀伊国屋文左衛門の戒名です。

「帰性融相信士」

江戸時代の大豪商がたったの六文字。単なる信士にすぎません。

三　位牌とお墓について

各宗派の式次第は

戒名のことはあらましおわかりいただけたと思いますので、ここからはお葬式、さらには位牌《いはい》やお墓についてお話ししましょう。

正真に申しますと、十三宗のうち融通念仏宗と黄檗宗のご葬儀には参列したことがありません。また、その他のご宗派でも秘密というほど厳格なものではないのですが、式次第はあまりユーザーには教えたくない、まあ言ってみれば企業秘密的な扱いになっているようで、ごく大雑把な説明でお許し下さい。

実はこういう出来事がありました。懇意にしている老僧からうかがった話です。この方は高校の教師を途中で辞めて出家得度し、檀家百五十戸ほどの山寺を預かって奮闘されている熱血漢です。数年前、お葬式について「いま坊主は松明《たいまつ》風のもの（「下炬《あこ》」と言って、冥土の道を照らす松明のイミテーション、禅宗では火葬の火をつける形を現す法具）をふっているが、あの意義は何か、次に読むお経はどんな内容なのかを知ってこそ、故人を心から送れるのではないか」と発心、参列者用の教本を作りました。立派な装丁の御本で、参列者席に置いて式を進めることにしたのですが、たちまちよそのお寺から苦情が舞い込んできました。

当世風にいうと「そういう企業秘密を公開されては困る」ということで、今や秘本扱いとなってしまいました。日本人の仏教離れの原因の一つが難しいお経にあることは先にも書きましたが、仏教界は新しい企画に対してはまだまだ閉鎖社会のようです。

あまりの簡略化

ここで主な各宗派のお葬式の次第をみていきましょう。

【真言宗】理趣経によって仏と故人が一体になることを祈る。式の途中で大日如来以来から個人までの法脈を示して授戒を行い、引導を渡す。

【天台宗】読経と念仏による功徳で成仏を祈り、引導を行う。

【浄土宗】戒名は通夜の席で授ける。葬儀は仏を迎える、仏を供養する、仏を送る読経と念仏が主で、仏を供養することで成仏を祈る。

【浄土真宗】死者はすでに浄土に迎えられているため、葬儀は仏への感謝の読経が中心で、引導などは行わない。

【禅宗】死後受戒と戒名授与の本家で、読経が入念に行われる。そして授戒と仏性を目覚めさせる引導法語があり、「喝《かつ》」と締めくくる。

【日蓮宗】授戒は行われない。法華経の声明のあと、引導が渡される。故人の一生や法号の由来が語られることも多い。なお、創価学会では法号を用いず、俗名のまま行う。

葬儀の内容もさまざまで、お布施によって経が長かったり、法事の一部が省略されることがありますが、いつも心残りに思うことは、葬儀の主導権がすっかり葬祭場の司会者に移ってしまって、お寺さまにホトケをあの世に送り出す気迫の感じられないことです。

これは私の友人の話ですが、たまたまこの人は観音経の全文をそらんじていたので、導師の読経に合わせ心中でお経を唱えていたところ、なんと途中で三分の一ほどが抜かれてしまったそうで、半分はびっくり、半分は呆れて帰ってきたそうです。

私も苦々しく思っているのは、葬儀に続いて百カ日までの法要を一括して行うことです。あの仏事は中陰の法要といって、死者の霊の行き先が定まるまで、七日目毎に、例えば七日目は不動明王、十四日目は釈迦如来というように、さまざまな仏に死者の安らかな往生を願うもので、まとめて済ませ「ハイおしまいです」という性格の法事ではありません。葬儀もここまで簡略化、形式化してしまっては、もはや何をかいわんやです。

あの世の存在もどうも疑わしい、葬儀はぞろぞろと並んで焼香してくるだけとなっては、仏教の居場所はますます狭くなっていきそうな気がします。

位牌の由来

次は、戒名の納まり所に話を移しましょう。

院殿号の戒名でも信士号の戒名でも一切平等で、納まるところは同じです。

一つは位牌、そしてお墓です。日本人は遺骨を聖視し、費用のかかるお墓を第一に考えますが、本来は魂が宿るとされる位牌を大切に扱わなくてはなりません。位牌は日本の神道と中国の道教の信仰伝承、それに日本仏教の知恵が一体になって考え出された依《よ》代《しろ》で、あのお札に霊魂が招きよせられているというのです。

依代というのは、神道の発想で、神が降神してくる時に目安とする物体です。お正月の松飾り、地鎮祭の榊《さかき》など、いずれもそれに当たります。一方、木の札はもともとは中国の道教の法具です。古代中国では木札に自分の官位姓名を書いて、立身出世を願う風習がありました。それを道教が取り入れ、そこからさらに仏教が借用し、木の板に戒名を記して礼拝の対象としたものが位牌です。始まりは鎌倉時代末期と言われていますが、流行したのは江戸時代からのようで、形も装飾も立派になりました。追憶のシンボルとしてはなかなかの発明だと思います。

お葬式には白木、終わって墨塗りに代わりますが、いずれにもお寺さまが入魂しているはずですから、故人とコミュニケーションをとりたい時は、心静かにお位牌に語りかければいいのです。

ご位牌は、どこに安置したらいいのか、仏壇をお持ちの方はご心配ありませんが、我が家を新築して新しい「家」を創建されたご家庭では、頭の痛い問題でしょう。最近の建築では、仏壇の置き場所をはじめから設計に組み込むことなどまずありませんし、それに仏壇はなんとなく現代の居住空間にはなじみません。このあたり、新しい感覚をお持ちのデザイナーに二十一世紀の居住空間でもしっくりとくる仏壇を工夫していただきたい、とつくづく思います。

仏壇の歴史は、実は古いのです。白鳳時代に天武天皇が「諸国《くにぐに》の家毎に仏舎《てら》を作り、すなはち仏像と経とを置きて礼拝供養せよ」（『日本書紀』「天武天皇の項」）という詔書を出したのが始まりと言われていますから、元々はお寺のミニアアチュアだったようです。しかし我が国では、人は死ねばホトケですから、だんだんとご先祖さまの霊の安置所にもなったのでしょう。中央には宗派で決めた本尊を祀るのは当然ですが、仏壇の型まで指定する宗派のあるのは少々行きすぎだと思います。

合祀墓の増加は戦後から

一方、戒名と一緒に遺骨を納める墓地の負担も大変です。定年間近の方が家のローンを気にしながら、我が終《つ》いの住処さがしに苦労されている話はよく聞きます。上京の折に電車から沿線の風景を眺めていると、永代供養の霊園の広告がところどころにあって、お寺さまのご奮闘ぶりが察せられるのですが、永代というのは何年ぐらいかご存知でしょうか。墓地は買取りではありません。借地ですから管理費という名の地代が必要なのです。これが切れると、永代が永代でなくなることを承知しておく必要があります。核家族化の進む近年、これもいずれは社会問題化する可能性があり、あなたも諸行無常を痛感されるかもしれません。

話が少し飛びましたが、庶民が墓を持ちはじめたのは江戸時代からで、そう昔のことではありません。平安時代には、公家さえも埋葬地に目印の石を置いた程度だったらしく、関白・藤原時平が、父の墓参りに行ったついでに、祖父良房の墓をさがしたが見つからなかった、という話が日記に書いてあります。鎌倉時代になると、さすがに立派な石碑が建てられはじめましたが、この時代は故人の墓というより仏を供養して、その功徳をいただくという趣旨が強かったようで、今残っている石塔のほとんどが、宝篋印塔《ほうきょういんとう》や板碑《ばんぴ》と呼ばれ、仏の供養塔を兼ねています。

江戸時代、個人の墓が建てられるようになったのは、いうまでもなく戒名の普及からです。しかし、幕府の規制もあって、墓碑が非常につつましやかなものだったことは、現存する墓石からわかります。

それが大きさを競うようになったのは明治に入ってからで、明治二十七～八年の日清戦争で台湾が我が国の領土になり、良質な石材が安く入ってくるようになったためだというウソのような話もあります。今でも古い墓地に行くと、ご夫婦二人だけの戒名を刻んだ笠石つきの堂々たる墓碑が残っていたりして、当時の有力者の豪気ぶりが偲ばれます。

先祖代々を冠せた「家」の墓、つまり合祀墓が増えてきたのは第二次大戦後のことです。家という組織が徐々に崩れかけてきているのに、家の墓が増える。一見矛盾した現象のように見えますが、都市の場合は別として、地方では戦後の農地解放で自作農になった農家が、家計に余力ができて、まず自宅の新築を競い、次に墓地に手をつけはじめたところに石材屋さんがつけ込み、大型の合祀墓をあおり立てたことが原因と言われています。その後の石材店の繁昌ぶりを拝見していると、これはマンザラ作り話でもなさそうです。都会でも個人墓よりは合祀墓の多くなる傾向は同じだそうですが、こちらの方も石材店の陰謀でしょうか。

ただ、あなたが創立された核家族のご一家が、果たして将来、墓所を「家」として継承していけるのかどうか。最近の少子化、未婚者の増加などを考えていくと、墓碑に刻まれた「累代《るいだい》」がいつの代まで続くのかについては、あらかじめ覚悟しておかれるべきでしょう。

仏教とは無縁の墓相学

話がちょっとそれますが、機会があったら高野山の奥の院をお訪ねになって下さい。弘法大師の御廟を中心に巨大な五輪塔の墓碑（というより供養塔です）が、樹間に林立しています。江戸時代の旧藩の建立が大部分で、加えて戦国時代以降の有名人の供養塔も数多く、さながら日本の歴史を見る思いがしますが、かつての日本の名家であったそれらの方々の所に、盆や彼岸のような供養日でも花一輪も供えられていないのを見かけます。

このように家を保つということはむずかしく、私たちも高野山を他山の石とすべきでしょう。立派な戒名をもらい、お墓も準備したから、と安心する前に考えるべきことではないでしょうか。もちろん、「まあ、そう深刻に考えることもないではないか、差し当たっては、一家のコミュニケーションの場として役立てばいい」と仰るなら問題は別です。

最後にちょっと付け加えておきたいのは、墓相学なる奇怪な学説（?）です。詳しい勉強をしたことがないので批判はいたしませんが、いくつかの関連の本を読んだかぎりでは、仏教と論理的なつながりは一切ありません。

だいたい日本人がお墓を持ちはじめたのは、すでに記したように、ごく一部の人を除いては江戸時代から、庶民は中期の元禄の頃からと言われています。時間的にいっても充分な基礎資料を集めることはまず無理です。迷信産業の一つだとは申しませんが、墓石業者と手を組んでいる気配が感じられます。

お墓について注意すべきことは、昔から言われているように、「ご先祖さまより大きな墓を作るな」ではないでしょうか。

四　私の提案

民俗習慣の強み

戒名は、将来も続いていくのだろうか。

余計な心配はせんでもよろしい、とお寺さまからお小言をいただきそうですが、まず百年のスパンで考えても、ご安泰だと思います。

たしかに戒名への批判がお布施の額の法外さから始まったことは事実ですし、ほかにも心配な要素があります。宗教心というほど高い次元の問題ではないにしても、各種の調査を信用すると、宗教に無関心な人が九割を占めていることは見逃せません。さらには、自分の人生はお寺さまの手を借りずに、自己流で締めくくるという新しい傾向も出始めてきました。

こういう要件を重ねてみると、お葬式がいつまでも戒名つきの仏教式でいけるのか、ちょっと考えこんでしまうのですが、現実には、お葬式はお寺さまにお願いして、あの世を信じ、戒名をいただいて旅立つという形式が崩れることはないでしょう。ジャイアンツはどうかわかりませんが、戒名は不滅だと思います。

理由は、極めて明快です。

仏教を信仰しているとかどうかといったことは、この場合、ほとんど関係がないのです。お葬式は昔からお寺さまの仕事と決まっている、そのことだけなのです。お寺さまのお葬式だから当然戒名が付いて回る。不思議でもなんでもありません。それも昔から決まっていた、だから我が家も右へならえ、ということだけなのです。宗教心も戒名の意義も一切関係なし、民俗習慣になっているからです。それにしても、江戸幕府はわずか三百年の間によくもまあしつけたものです。

明治元年、政権をとった明治政府はアンチ仏教派の塊でした。祭政一致というキャッチフレーズで、行政を担当する太政官《だじょうかん》の下に、祭事を扱う神祇官《じんぎかん》という役所を設け、「仏教は一切ダメ、これからは万事神道でいくことにする」と宣言、仏教に大弾圧を加えました。これにはお寺さまも大打撃で、奈良の猿沢の池畔にある興福寺では、五重塔を五円で売り出したが、買手がつかなかったというのもこの時の話です。お葬式も神葬祭で行うよう大号令をかけ、奨励しました。

明治政府の意気込みと掛け声の大きさは、徳川三百年の慣習など一日で吹き飛ばすほどの勢いでしたから、あれから百五十年、今ごろは仏式葬と神葬祭と半々くらいになっていても不思議ではないのですが、お上のいうことには大抵「ハイ」という庶民が、この号令には納得せず、政府のお膝元の東京でさえ、神葬祭によるお葬式は、政府のお役人だけは守ったフリをしましたが、その役人も夜になるとお寺のご住職を招いて改めて葬儀を営んだことが、当時の新聞でからかわれています。そういう状態ですから、ついにネをあげ、明治五年には早々と神祇官を廃止してしまいました。

都会と地方の間には

話を戻しましょう。庶民がなぜそこまでお寺さまの葬儀に執着したのか。私は神葬祭には「戒名」がなかったからだと思います。

庶民の気持ちには、今までどおりの方がよさそうだという殊勝な気分が多少はあったかと思いますが、本音でいえば、徳川幕府が潰れて、さまざまな禁制が全部消えてしまったからではないでしょうか。

つまり、こういうことです。禁制の中には、お葬式は質素にやりなさい、庶民の戒名は信士限り、お墓は小さく、などといったこともあったのですが、規制緩和となったのだから、この際思いのままにやってみたい、そういう思いの方がほとんどだったと思います。

とくに目を向けられたのが戒名だったのではないか。とにかく社会的な立場と財力を表現できるのは戒名です。神葬祭のように一切平等のナントカの命《みこと》では、なんとも大落胆という他はありません。これが明治政府の大号令にもかかわらず、仏教葬が消えなかった最も大きな理由で、その気分は現代でも皆さんの心中の奥深いところに引き継がれているはずです。

さらに、私たち日本人同士の競争意識も相当なものですから、近年はその二つが組み合わさって、ツイ身分不相応な葬儀をやり、あとになって改めて深刻な反省が生まれ、それが戒名批判につながり、ついにはお寺さま抜きの無宗教葬が増えてきたのだと思います。

しかし、地方に住んでこうした数字を見ていると、都会と地方との間にはまだまだ大きな差があるナと感じます。都市の住民なら不合理を感じればすぐに起こせる修正のアクションの早さに、地方はまだまだついていけないのです。その最大の理由は、隣近所とのお付き合い、一族の交流が依然濃密なことです。私の住んでいる街は、人口三十万ほど、典型的な地方の小都市ですが、地域の共同体はまだ立派に生きていますし、手伝い頼むよと手をあげれば、中学、高校の同級生などがたちまち駆けつけてきてくれます。大都市の同じマンションに住んでいても「隣は何をする人ぞ」という雰囲気とは大分違うのです。

そして、年寄り中心の世話人という一団ができあがると、この家は明治の頃は町内一の商店だったとか、ジさまは菩提寺の総代だったといった家柄のよさが話題になったり、十年も介護施設にまかせきりにしておいたホトケさまでも、院大姉号を貰ったことで「大した親孝行したなア」と褒められ、あわせて我が家の経済的実力のほどを言わず語らずのうちに誇示できて、しばしの社会的快感を味わうことができるのです。

つまりこういう人にとっては、戒名制度が無くなっては困るのです。困るというのは少し変な表現かもしれませんが、とにかくこういう意識が戒名制度を支えているのです。

戒名問題は仏教界が加害者、消費者は被害者という立場から論じられがちです。私たちの心中にある願望（仏教では煩悩といっています）も論点に加えて議論しなければ、お互いに納得できる方向性は出てこないのではないでしょうか。

勝ち組の寺と負け組の寺

戒名がいわば私たちの煩悩に支えられていることはもうおわかりいただけたかと思いますが、一方、戒名発信側の仏教界の実情にも触れておく必要がありましょう。

ここ何年かで、全国のお寺さまの建物は、有名寺院から地方のお寺まで、格段に立派になりました。また宗教法人化することで、税法上の優遇措置をうけ、我々を羨ましがらせる庫裡に住み、優雅な日々を過ごされている話は至る所で耳にします。そういう勝ち組は観光寺院、いち早く墓地事業に手を出されたお寺、それに檀家数が少なくとも四百軒以上の大型寺院の三つのパターンのどれかに属するお寺だそうです。お寺さまにも採算分岐点があるのには驚かれたことかと思いますが、以上の三パターン以外のお寺は、経営的にはいろいろの問題を抱えているようです。

従来こうしたお寺のご住職は、公務員や教師などを兼務してやりくりしてこられたようです。しかし最近は、住職としてのおつとめによる欠勤が嫌われ、就職が難しい傾向にある、と寺院専門誌は指摘しています。そういう理由でしょうか、全国七万余のお寺のうち約二万寺が住職不在の無住寺になっているという淋しい数字も出ています。

仏教界にも勝ち組と負け組が出ているのです。負け組のお寺さまにとって、戒名料を含めた葬儀のお布施が収入全体の大きな部分でしょう。常識を超えたお布施を求めることは慈悲を表看板にしている仏教への信頼を失わせること以外の何物でもありませんが、お寺さまの多くは小さな家業で、しかも収入は極めて不安定です。それはお布施をする私たちも考えてあげなければならないことで、仏教が迷信産業に走って、純粋さを無くさないためにも、この際枝葉を取り払った話し合いが必要なのではないでしょうか。

仏教界はとかく戒名問題には触れたがりません。情報公開もほとんどしません。お寺さまの間の格差が開いてきた現状では、一層公開し難いのでしょうが、それでは仏教界の秩序を守ることはできるかもしれませんが、仏教自体はますます日本人の心から離れてしまいそうな気配を感じます。

先にも延べたように、戒名が無くなることはまったく考えられません。しかし現状のように戒名が故人の生前の業績や社会的な地位、あるいは人柄といったものが反映されずに、単にお布施の額によって決まるのでは、戒名の尊厳と価値が次第に薄れてしまうことは目に見えています。いま実際に起きている戒名離れは、そういう戒名のバカバカしさに気付きはじめた人たちの、一揆の始まりだとは考えられませんか。

戒名への批判はそれだけに止まらず、お葬式のあり方から、もしかすると日本仏教そのものへの批判へと発展していきかねないことを、この際、僧職にある皆さんにも深く考えていただきたいと思います。

そして残ったものは

仮に日本人は死後必ず仏弟子にならなければならないとしてでの話ですが、その場合、師匠となって下さる仏として、どなたを考えるべきなのでしょう。

仏教は実在した釈迦によって開かれ、当時の人々はこの方をブッダ（仏陀）と呼んで尊崇したことからいえば、当然釈迦如来のことだと考えるべきでしょう。たしかに曹洞宗や日蓮宗ではそうなのですが、浄土教では阿弥陀如来だと言っていますし、真言宗では大日如来です。

学部名は同じ仏教学部だが、大学が違う。東大でも教えているし、早稲田大学でも教えている。選ぶのはあなたの自由です。そのようなもので、この寛容なところが日本人の心を捉えた理由だと考えられますが、当時の時代背景には死、病気、戦乱の苦しみが色濃く存在していて、人々は仏の慈悲にすがる他、手だてがなかったのです。

しかし時代は変わりました。六十年間平和を満喫し、一億総中流と言われる豊かさの中に浸っていては、大悲大慈の仏教の本願は情緒的すぎ、寛容は足腰の弱さに見えます。それが日本人の心を仏教から根離れさせてしまったというのが、現実の姿ではありませんか。

そして残ったのが、土俗思想となれ合った迷信仏教と、お葬式です。友人の作家、ややまひろし氏は「仏教からお葬式を差し引いたら、何も残らない」と著書の中で厳しく批判していますが、庶民の感覚も正真にいえば、そのあたりに落ち着くでしょう。

恥じることはない

こういう事態となってしまっては、迷信産業の方はご免蒙りますが、葬式仏教、それも人々によかったと言われる葬式仏教に徹すべくハラを括ることが、国民の心を再び捉える最善の道ではないかと思うのです。

なぜなら、現代仏教は葬儀を仏と人の接点としているからです。

すでに何度も書いてきたことですが、釈迦仏教は煩悩から解き放たれる世界を目指すもので、死後の世界はありません。ところが、大乗仏教はその釈迦仏教を一転させ、釈迦の「仏格」に頼る救済仏教に変えました。その結果、人は祈りによって救済をうけることができるようになったのです。

お寺さまは、仏の慈悲について、他人のためにつくす利他行についてよくお話しされます。大乗仏教の教理を理解してもらうために、それは大切なことですが、仏教にほとんど関心を持たない現代人が期待するのは、そのようなお説教ではありません。

日々の生活で、人が「南無三法」とか「南無観世音菩薩」などと手を合わせる時は、まずニッチもサッチもいかなくなった時でしょう。そうした助けを求める最後の願いが死に際しての安心です。この世との訣別にあたって、お寺さまは本当に手助けしてくださるかどうか。現代人が仏教に期待するとすれば、この一点であろうと思われます。

遠慮なく申し上げれば、現代の我が国の仏教は、死者を即座に仏にしてしまう先輩苦心の発明に安座して、生きている方には親切ですが、死者にはそれほどではありません。引導という離れ技によって成仏を成立させ、死後戒名という道具立てで事終れりとしています。

事態をさらに悪くしたのは、戦後になって葬送の主役がお寺さまから葬祭場業者に移ったことです。

たしかに儀式は立派で壮麗になりましたが、お寺さまは儀式の一員に成り下がってしまいました。型通りに読経、引導は行いますが、そこからは往生を祈る熱烈な思いや行法などがほとんど消え去っています。これでは「葬式仏教」と言われても、正面切って反論はできないでしょう。

本来、故人を真の覚者、つまり仏として成仏させる責任はお寺さまにあります。葬儀はその説明責任の場となる、と私はかねてから考えてきました。

お寺さまは、心をこめ、行をつくして、その責任を果たさなければならないはずです。無量の光によって故人をつつみ、遺族の悲しみをやわらげ、会葬した人々に仏に頼ることのたしかさを信じさせる……。

遺族はもちろん、多くの参列者に「たしかに故人は安らかに旅立っていったなア」と思わせる葬儀であれば、十分に意味はあり、「葬式仏教」と呼ばれても少しも恥じることはないはずです。

お寺さまと日頃からのお付き合いはないというのが大多数の現代人でしょう。しかし、まだ八割の人は仏教によって故人を見送っているのです。そうした人々に対して、お寺さまはもう少し真剣になってもいいのではないでしょうか。

ある僧侶の勇気ある発言

最後に、戒名に関して、私なりの提案をさせて下さい。

鎌倉時代以降江戸時代まで、仏教は現在のような危機を幾度か迎えています。その都度これを乗り切ったのは、各時代に現れた例えば鎌倉初期の明恵《みょうえ》上人（一一七三～一二三二）、江戸時代の慈雲《じうん》尊者（一七一八～一八〇四）といった名僧が先頭に立って、戒律復興運動に力を尽くした成果です。現代の戒の崩壊は、もっとひどい状況ですから、どなたが呼びかけられても気の重い仕事でしょう。国民の多くも戒名は仕方がないという諦め派と、戒名があってほしい派のどちらかです。ことに後者はお寺さま側の有力応援団で、その声も決して小さくはありません。

かつて天台宗の開祖・最澄《さいちょう》は「一隅を照らすものこれ国宝、国宝とは道心なり」という名言を遺されています。黙々と境内の落ち葉を掃くことに専念している僧は国の宝だ、なぜならば修行専一の心掛けこそ国宝と呼ぶべきものだからだ、という意味かと思われますが、この道心を戒と読みかえることが、いま仏教界に最も求められていることではないでしょうか。

戒名問題が日本仏教のノドに刺さったトゲだということは、各宗各派の長老方もよくご存知のようです。しかし、進んで触れたがらないのは、第一に戒名のお布施がお寺の有力な収入源になっているという経営上の理由からです。第二は、形の上だけとはいえ、千年の伝統の戒には簡単にさわれず、保守大事の海にどっぷりと浸かっていた方が無難だという姿勢によります。

しかし、仏教教団の中には、それではもはや済まされない時代に入ってきたという自覚が生まれています。最近、毎日新聞の投稿頁で、素晴らしいご意見を読ませていただきました。埼玉の僧侶・駒青檀さんの投稿で、お寺さまに法外な戒名料を求められ、借金で支払ったという読者の方への慰めの心を込めて書かれたものですが、要旨をご紹介しましょう。

――成仏は戒名の位とは関係がありません。戒名があるから成仏できるとは限らないし、戒名が無くたって何ら差し支えありません。数十万円もする戒名など、葬儀に偏重した仏教を省みることのない、とかく贅沢に慣れた現代の坊さんのため、と言っても過言ではないでしょう。欲が深くなく、物事への執着も少なく、恨みがなく、自分と自分の周りに対して「ありがとう」の気持ちを素直に持てる人は、葬儀にお坊さんを呼ばなくても間違いなく成仏できます。……

先に例を挙げましたが、まだまだ戒名なしの葬儀に読経をして下さったご住職に心から感謝している時代です。私がお寺の地域も名前も書かなかったのは、恐らくそれが公になった場合、本山なり宗務支所などからクレームのつくことを案じたためなのです。そういう中で新聞紙上に堂々と戒名の是非の意見を述べて下さった駒さんの勇気には、深く感服し、仏教界にも静かだが、新しい風が少しずつ吹きはじめてきていることを感じました。

脱・戒名のすすめ

そこで私の提案です。「戒の再興のすすめ」あるいは「脱・戒名のすすめ」と言えるかもしれません。

提案の前に、比叡山の戒壇について少し書きます。

仏教教団は、お釈迦さまが丈夫な頃にも戒をめぐって分裂しています。お釈迦さまの亡くなったあと大乗小乗の流れに分かれたのも、背景に戒の改革の問題がありました。また、我が国でも天台宗の最澄は、朝廷の定めた国立戒壇院の二百五十の禁令の「具足戒」は繁雑すぎるとして、「梵網経《ぼんもうきょう》」による十重禁戒・四十八軽戒に簡素化した戒を授ける大乗戒壇を比叡山に公認戒壇として設けています。

比叡山の戒壇は、朝廷の設けた戒壇三院の他にはじめて作られた一宗派の戒壇ということに大きな意義がありました。

最澄が天台宗独自の戒壇を持たなくてならないと決心した根本には、南都（奈良）仏教との対立があったようです。当時の規則で、比叡山で学んだ僧も戒は東大寺にある戒壇でうけなければなりませんでした。しかし、天台宗は南都仏教の各宗派とは激しく対立しており、そのことから恐らく天台僧の受戒には、何かと不都合があったと当然考えられます。また受戒のため山を下りた僧が、奈良の各寺に止まって戻ってこない例もあったようで、最澄は比叡山山内での受戒を熱望して、大乗仏教の戒は梵網戒によらなくてはならないという理由をつけ、再三朝廷に働きかけ続けました。

しかし南都仏教は強く反対して譲らず、結局勅許が下りたのは八二二（弘仁十三）年六月十一日、最澄の死去後七日目のことで、五年後に戒壇院が完成しました。当時の建物は織田信長の焼き討ちで焼失しましたが、再建された荘厳な戒壇院が今は根本中堂から伝教大師（最澄の諡号《しごう》）御廟に向かう途中にあり、当時の面影を伝えています。

この最澄による「戒の再興」は、今日の戒名問題を考える一つの手掛かりにはならないでしょうか。最澄を例に引くのはまったくの冷や汗ものですが、私なりの提案を書いて本書を終えましょう。

「生物を殺すな」「盗むな」「ウソをつくな」「女性と不適切な関係をもつな」「酒を飲むな」の基本の五戒でさえ、現代ではとても守りきれる戒ではなさそうです。

具足戒にしても、梵網戒にしても、アマチュアの私などには難しい戒がたくさんあります。現在、ご住職方の多くは美しい奥さまをお持ちですが、基本的にこれは重大な戒律違反でしょう。浄土真宗では、妻帯は親鸞以来の伝統ですが、これとて阿弥陀さまがお認めになった話ではなさそうです。

このように戒は名目としては存在しますが、実際は無いに等しい。それに反して戒名の存在だけを認めている現実は、滑稽という他ありません。仏教を現実から引き戻し、戒を守るお寺さまによって、実のある戒名を授けられるよう、日本仏教の新しい戒をお定めになることを、私は心からお奨めしたいのです。

しかし、「それは難しい、嫌だ」と言われるに違いありません。

であるならば、仏教のお葬式から戒名を切り離してはいかがでしょう。

繰り返しますが、近年の無宗教葬の増加は、日本人の戒名離れが原因であることにはまず異論がないと思います。ただ、無宗教葬は故人の遺志は生かされるかもしれませんが、葬儀が単なるお別れ会になってしまい、故人とのつながりをしみじみと思うひとときを失くし、また家族が世間から孤立化する危険性があります。おそらく、戒名はいらないが、お寺さまの心のこもった読経や法話に元気づけられて旅立ちたいと希望する人は決して少なくないはずです。お葬式と戒名を切り離せば、そうした願いは叶えられるのです。

勿論、戒名が欲しいという方には、望みの戒名号を授けて下さい。きっとお布施もはずまれるでしょう。しかし、戒名はいらないが、霊力のあるお経によって旅立ちたいという篤信の方には、その希望を叶えてあげてほしいのです。

これはもう一部では始まっているのです。そのことの是非を論議しあい、仏教界としての結論を出すことが、戒名だけではなく日本仏教の未来につながることではないだろうか。そう痛切に考えています。

あとがき

「戒名をつけぬとあの世ゆけぬのか」

毎日新聞の「仲畑流・万能川柳」に載った越谷市の小藤正明さんの秀句です。

私がこの本を書こうと思い立ったキッカケは、この一句を拝見したことからです。お葬式に戒名は、地方の小都市で暮らしてきた私にはそれが常識で、両親の戒名も何の疑問もなくいただいたのですが、二十年ほど前、仏教に親しみはじめてから「なんじゃ、これは」と思うようになりました。

戒名の原点はとうに消滅して、私たちがただ理由もなくありがたがっているだけではないのか。これは私にとっては大発見で、当時よく友人に語ったのですが、たいした反応はありませんでした。お葬式は一過性の行事ですから、誰も関心がないのかと諦めたものです。

ところが、それからしばらくして、私も年の功でお手伝いに伺うことが多くなり、こんな話をしばしば耳にするようになりました。「院号は結構ですと言ったのだが、お宅は代々院号ですから、そのとおりにして下さいと言われ、大散財だった」とか、「うちは院号なしで三十万円で済んだ」といった話です。また、自分が話し合いの場に出るようにもなり、むずかしいやりとりにウンザリして、檀家の負担も容易でないなアと痛感するようにもなりました。

正直いって、お寺さまは戒名のことに真っ正面からは触れたがらない。こちらも戒名の中味がまったくわからない人が多く、アウンの呼吸の落としどころしかなく、誰でもわかる解説書があってもいいなと思いつづけてきました。そこへ小藤さんの一句、これに一気に触発されました。

科学によって生命の謎が次第に解き明かされ、一方では臓器移植という予想もしなかったことが現実化している時代を迎えて、庶民の私たちも死と死後の世界にずっと真剣にぶつかり合わなくてはならないのに、その心構えのコンダクターである仏教界は、一向に素知らぬ顔のようです。また、書店の店頭には随分いろいろな解説書や仏教の慈悲を説く御本が並んでいますが、失礼ながら、大抵の御本が「人間には魂があり、慈悲の心、日々の善行によって救われる」という大乗仏教千年の立場を変えていません。宗教はもともと信じることが基本ですから、それはそれで結構だと思いますが、釈迦仏教を信じる限り、仏教で言う魂はバケて出るものではなくて、「我」にしか過ぎぬものです。

本文で触れたように、我が国に伝わってきたのは、竜樹の大乗仏教という心やさしい仏教に、中国で味つけをされたものです。つまり、釈迦が目指された仏教と、いま我が国で私たちが「仏教とはこういうものですよ」と信じ込まされている仏教とは大きく違います。とくに、修行者が仏の道に一歩でも踏み込むために設けられた釈迦仏教の戒はまったく消え失せ、戒名が金銭と名誉欲の上に胡座《あぐら》をかいていることなど、いかにお釈迦さまが寛容な人であっても、決して許さないだろうと思います。

先日ある葬儀のあとの法要で、ご住職が故人の戒名を考えた苦心をお話しになった後で、こんな解説をされたことがあります。

「私たちが今持っている名前は、世間のチリやゴミに汚れきっています。こういう名前では、浄土には入ることができません。戒名によって、一切の垢を洗い流してこそ、あの世で仏さまが喜んで迎えて下さるのです」

お坊さん方は戒の真の意味を説き、それによって仏教への関心を少しでも持ってもらうべきなのに、そうした努力をせず、こうした耳に入り易い話し方でお茶を濁していることに失望し、改めて戒名問題をわかっていただくことのむずかしさを別の面で感じた次第です。

この本は、できるだけやさしい言葉で書きました。まだまだわかり難いところがあることは、私自身深く反省している次第ですが、どうかお許し下さい。

最後に本書の執筆に当たって、親切なご助言をいただいた編集部の柴田光滋さんと、原稿の整理をお手伝い下さった福島テレビ元技術局長の引地清さんに、心から御礼を申し上げさせて下さい。

平成十九年一月

著者

村井幸三　1925（大正14）年福島県生まれ。仏教研究家。盛岡高等農林学校（現・岩手大学農学部）卒業。農林省、福島民報、福島テレビに勤務。著書に『山のお寺の上人さま』『日光院はじまり物語』など。

Ⓢ新潮新書

208

お坊《ぼう》さんが困《こま》る仏教《ぶっきょう》の話《はなし》

著　者　村井幸三《むらいこうぞう》

2007年3月20日　発行
2008年8月25日　15刷

発行者　佐藤隆信
発行所　株式会社新潮社
〒162-8711　東京都新宿区矢来町71番地
編集部(03)3266-5430　読者係(03)3266-5111
http://www.shinchosha.co.jp

印刷所　二光印刷株式会社
製本所　株式会社植木製本所

ISBN978-4-10-610208-0　C0215

価格はカバーに表示してあります。